Turnen am Minitrampolin

Michael Medler / Rüdiger Räupke

Turnen
am
Minitrampolin

Flensburg 2004

8. Auflage

Pinienhof 7, 24944 Flensburg
Tel. (0461) 3 43 44 · Fax (0461) 31 17 49
e-mail: medler@cm-sportbuch-verlag.de
www.cm-sportbuch-verlag.de

Zeichnungen: Michael Medler, Flensburg
Herstellung: Evert-Druck, Neumünster
ISBN 3-9800 188-0-6

Inhalt

1. Einleitung

Ist das Gerätturnen allgemein, zumindest was seine Bedeutung für den Sportunterricht in der Schule angeht, seit einigen Jahren umstritten, so erfreut sich das Minitrampolinspringen bei Lehrern und Schülern uneingeschränkter Beliebtheit. Das mag nicht weiter überraschen, sind hier doch wie bei keinem anderen Gerät Bewegung und Erlebnis, Bewegungsschulung und -freude miteinander verbunden. Das Erlebnis des Schwebens und Fliegens und das Gefühl, die Schwerkraft zu überwinden, erzeugen einen hohen Aufforderungscharakter, der alle Schülerinnen und Schüler gefangen nimmt, die motorisch begabten genauso wie die übergewichtigen und weniger begabten.

Allein die Freude am euphorischen Höhenflug kann mitunter durch ein böses Erwachen auf seiten der Lehrenden getrübt sein, wenn durch Unachtsamkeit, leichtfertigen Umgang mit dem Gerät und Fehleinschätzung der potentiellen Gefahren die Sicherheit aufs Spiel gesetzt wird. Das hat z.T. zu unerwünschten Konsequenzen geführt, wie etwa dem zeitweiligen Verbot des Minitrampolins (im weiteren = MT) in Schleswig-Holstein.

Aus diesem Grunde ist es den Verfassern vordringlich daran gelegen, die Bedingungen für ein möglichst geringes Risiko zu kennzeichnen, ohne allerdings den Erlebniswert des Gerätes einzuschränken oder gar zu blockieren. Neben den technischen Sicherungsmaßnahmen ist den vielfältigen Formen der direkten Bewegungshilfe durch die "Sprungbegleitung" und auch den Formen der indirekten Bewegungshilfe große Aufmerksamkeit gewidmet worden. Das ist auch deshalb von Bedeutung, als ihre gezielte Anwendung nicht nur den Geboten der Sicherung Rechnung trägt, sondern Beispiele verantwortungsbewußten, kooperativen Handelns ermöglicht, deren pädagogische Bedeutung nicht hoch genug eingeschätzt werden kann.

Vorschläge zur Unterrichtspraxis sollen nicht gemacht werden, bevor nicht die Bedeutung des MT-Springens für den Sportunterricht diskutiert ist. Die Auseinandersetzung mit dem affektiv-emotionalen, sozialen, motorischen und kognitiven Gehalt des MT-Springens weist den Weg zur inhaltlichen und methodischen Gestaltung der Unterrichtspraxis.

Der praktische Teil beginnt mit den "Sprüngen mit Begleitung" in den vielfältigsten Formen, dem freudvoll erlebten sicheren Springen in der

Kleingruppe (vgl. auch MEDLER/RÄUPKE 1982). Mit diesen von der Anforderung her eher elementaren Sprungformen wird die notwendige Sicherheit im Umgang mit dem MT erarbeitet. Sie sind aber auch die Voraussetzung für ein verantwortungsbewußes Miteinander, wobei Schülerinnen und Schüler den hilfreichen Handkontakt bewußt als ein wesentliches Mittel sozialen Handelns erfahren.

Auf der Basis des so erarbeiteten Vertrauens gelingt jetzt auch die schwierigere Kunstfertigkeit. Bei der Auswahl des Angebots, das mit freien Sprüngen beginnt und bis hin zum Salto rückwärts reicht, wurden die mit dem Gerät verbundenen biomechanischen Besonderheiten als Entscheidungshilfen herangezogen. In der einschlägigen Literatur z.T. dominante Formen erscheinen deshalb in diesem Buch gar nicht.

Dafür wird abschließend an einer Reihe von Beispielen aufgezeigt, wie wertvoll das MT als Hilfsgerät ist, und wir wissen aus Erfahrung, wie sehr die Motivation für das Gerätturnen insgesamt durch den Einsatz des MT als methodische Hilfe gesteigert werden kann.

Als konkrete Unterrichtshilfen gelten die zu den Abschnitten dargestellten Modelle zur Unterrichtsorganisation und eine Vielzahl von Arbeitskarten, mit deren Hilfe die Bewegungsfertigkeiten mit ihren wichtigsten Details und die jeweiligen Hilfestellungen besonders hervorgehoben und bewußt gemacht werden können. Wir wollen ausdrücklich dazu auffordern, diese zu kopieren und im Unterricht als kognitive Lernhilfe zu verwenden.

2. Didaktisches - Methodisches

Das Affektiv-Emotionale

soll bei unseren Überlegungen an erster Stelle stehen, zumal das MT geradezu mit dem Attribut "affektiv" belegt werden kann. Im Mittelpunkt steht die freudvolle Auseinandersetzung mit den eigenen Bewegungsmöglichkeiten. Das MT hat einen hohen Aufforderungscharakter für Schülerinnen und Schüler aller Altersstufen und jeden Leistungsstandes. Man muß eher bremsen, als daß man zu diesem Gerät motivieren müßte. Darin liegt sicher auch eine Gefahr, in erster Linie jedoch die Chance zu einer ausgesprochen freudvollen körperlichen Ausbildung. Es gibt nur wenige Geräte, die eine so vielfältige Schulung der Bewegungskoordination unter dem besonderen Aspekt des Erlebens von Bewegung ermöglichen.

☞ ***MT-Springen ist Erleben von Bewegung***

Ob es das Gefühl ist, zu fliegen oder frei im Raum zu schweben, das Sich-Tragen-Lassen und den Körper, losgelöst von den Alltagsbewegungen, schwerelos zu empfinden, oder ob es die hohen Sprünge, hohen Flugkurven oder die Kunstfertigkeiten sind, die Spannung und Dramatik, kinästhetische Sensationen und auch ein gewisses Risiko versprechen, Sprünge am MT sind mit besonderem Spaß und oft mit einem intensiven Glücksgefühl verbunden. Sie passen in eine Zeit, in der Kinder und Jugendliche auch im Sport auf der Suche nach dem besonderen "Kick" sind.

Durch das MT können Bewegungserlebnisse vielfältiger Art vermittelt werden. Der hohe Anreiz und Aufforderungscharakter des Geräts kommen den Schülerinnen und Schülern in ihrem natürlichen Bewegungs- und Erlebnisdrang entgegen. Hier liegt ein Großteil der pädagogischen Bedeutung des MT-Einsatzes im Sportunterricht begründet. Denn auch Unbegabte und Übergewichtige bekommen ihre Chance zum Erfolgserlebnis. Durch die Federkraft des Gerätes wird mangelnde Sprungkraft kompensiert, so daß auch weniger Sprungkräftige die Möglichkeit haben, hohe Flugkurven zu erreichen und die damit verbundenen sensiblen Reize zu erleben.

☞ ***MT-Springen erhöht die Risikobereitschaft***

Der hohe Aufforderungscharakter ist allerdings mit einer ganzen Reihe von Risiken verbunden, die der besonderen Aufmerksamkeit bedürfen. Kinder und Jugendliche drängen zum Erproben und wagen oft zu viel, weil sie die Gefahren nicht sehen. Im Zusammenhang mit der Diskussion des affektiven Gehalts geht es deshalb vor allem darum, Entscheidungen zu treffen, die geeignet sind, die Freude am MT-Springen zu erhalten und dafür Sorge zu tragen, daß nicht durch waghalsigen und leichtsinnigen Umgang mit dem Gerät Ängste und Hemmungen aufgebaut werden.

Unser besondere Aufmerksamkeit gilt deshalb den Maßnahmen zur Sicherheit des Springens. Sie sind Voraussetzung, um den affektiven Gehalt des MT-Springens zu garantieren. Maßnahmen zur Sicherheit betreffen die Stoffauswahl, die Wahl des methodischen Vorgehens, die Auswahl und Anordnung der Geräte und den Einsatz von Helfern.

☞ ***Sicherheit garantiert die Freude am MT-Springen***

Wenn die Stoffauswahl bei der Betrachtung vorangestellt ist, so bedeutet das nicht, daß hiermit ein Verbot für alle die Fertigkeiten und Situationen ausgesprochen werden soll, die mit einem Risiko verbunden sind. Die Beachtung der Sicherheit verlangt keineswegs die Vermeidung von Risikobereitschaft. Aber die Höhe des Risikos ist keineswegs entscheidend für den Erlebniswert des MT-Springens. Da die meisten Unfallursachen in Fehleinschätzungen des Gerätes und des eigenen Könnens sowie im Fehlverhalten begründet sind, also vor allem psychologischer und nicht technischer Natur sind, geht es in erster Linie darum, das Risikoverhalten auf ein realistisches Anspruchsniveau hin zu entwickeln. Dem Wunsch der Schülerinnen und Schüler nach "Kunststücken", der erfahrungsgemäß immer am Anfang steht, kann erst dann entsprochen werden, wenn die notwendige breite Erfahrungsgrundlage gelegt wurde. Da auch einfache Sprünge an diesem Gerät einen hohen Erlebniswert haben, bereitet es keine Schwierigkeiten, durch eine intensive Sprunggewöhnung behutsam und mit der gebotenen Sorgfalt mit den Federeigenschaften vertraut zu machen.

☞ ***Auch einfache Sprünge machen Spaß***

Dabei kommt auch dem Technischen eine große Bedeutung zu. Durch angemessene Gerätewahl und Geräteaufbauten kann das MT-Springen sicher gestaltet werden. Erste Voraussetzung für den Einsatz des MT ist das Vorhandensein von Weichböden oder Niedersprungmatten. Sie sind die Gewähr dafür, daß nicht schon kleine Ungenauigkeiten folgenschwere

Wirkungen haben, daß auch Stürze noch abgefangen werden.

☞ ***MT und Weichboden gehören zusammen***

Dabei sind jedoch auch die Gefahren im Auge zu behalten. Sie liegen im technischen und im psychologischen Bereich.

Zunächst ist zu beachten, daß die meisten Weichböden zu weich sind, um alle Landungen sicher aufzufangen. Schon leichte Drehungen können zu stauchenden Wirkungen in den auftreffenden Gelenken führen. Die Nachteile von Weichböden werden durch härtere, eher flächenelastische Niedersprungmatten vermieden, die jedoch in den meisten Schulen nicht vorhanden sind. Wer mit Weichböden arbeiten muß, sollte deshalb grundsätzlich noch Bodenmatten im Landebereich plazieren.

Zu beachten ist aber auch, daß die Kombination MT/Weichboden stimulierende Wirkung über die tatsächliche Leistungsfähigkeit hinaus hat. Die subjektiv empfundene Sicherheit wirkt häufig angsthemmend und risikofördernd, provoziert Selbstüberschätzung und fordert zu überschwenglichem und leichtsinnigem Verhalten heraus.

☞ ***Die Kombination MT/Weichboden provoziert leichtsinniges Verhalten***

Die damit verbundenen Gefahren sind stets im Auge zu behalten. Alle Maßnahmen müssen darauf gerichtet sein, den Bewegungsdrang der Kinder und Jugendlichen in kontrollierbare Bahnen zu lenken. Denn einmal gemachte schmerzhafte Erfahrungen führen auch an diesem Gerät zu negativen Gefühlszuständen und zu Angst.

Subjektiv und auch objektiv sicher wird das MT-Springen durch einen angemessenen Einsatz von Helfern und Hilfsgeräten. Wenn die Schülerinnen und Schüler sich in unsicheren Situationen und labilen Gleichgewichtszuständen festhalten können, wenn sie gehalten werden oder wenn Gerätehilfen eine gefahrlose Ausführung von Kunstfertigkeiten versprechen, dann ist dem Sicherheitsanspruch aus jeder Richtung der Betrachtung Genüge getan. Innerhalb der Sprunggewöhnung sind es die "Sprünge mit Begleitung", bei der Erarbeitung von Kunstfertigkeiten die "weichen Gerätehügel", die objektive Sicherheit versprechen und subjektiv Vertrauen schaffen.

☞ ***"Sprünge mit Begleitung" und "weiche Gerätehügel" schaffen subjektive und objektive Sicherheit***

Lernzielorientiert wird man derartige Vorgehensweisen als vorübergehende Maßnahmen betrachten, die es auf dem Weg zur gekonnten Fertigkeit schnell wieder abzubauen gilt. Nimmt man den affektiven Gehalt jedoch ernst, so wird ein Vorgehen favorisiert, das den Einsatz von Partner- und Gerätehilfen nicht in erster Linie an einer möglichst schnellen Hinführung zu den von Ansprüchen des Kunstturnens abgeleiteten genormten Bedingungen mißt, sondern eher darauf ausgerichtet ist, das in der Grobform Erlernte in interessanten und variablen Aufbauten anzuwenden, d.h., die Schülerinnen und Schüler in Situationen zu stellen, in denen sie ihr Können als Besitz erfahren können. In diesem Sinne ist das methodische Vorgehen eher an den Vermittlungsprinzipien koordinativer Fähigkeiten orientiert, in deren Mittelpunkt die Grundsätze "Wiederholen ohne zu wiederholen" und "das Gleiche machen, ohne das Gleiche zu machen" stehen.

☞ ***Können muß als Besitz erfahren werden können***

Schließlich ist das MT selbst als Gerätehilfe verwendbar. Es eignet sich als Hilfsmittel bei der Erarbeitung vieler Fertigkeiten an fast allen Geräten. Vieles wird durch seine Federkraft erleichtert und manches interessante turnerische Kunststück durch sie erst ermöglicht. Mit dem MT werden alternative methodische Wege eröffnet, die auf die Schülerinnen und Schüler einen besonderen Reiz ausüben. Es liefert problemlos die Energie, um eine Ausgangsposition auf einem hohen Gerät zu erreichen, und es macht die Übenden federleicht, wo sonst Kraft erforderlich wäre, für die bei allen die Voraussetzungen fehlen.

☞ ***Das MT ist ein methodisches Hilfsmittel von besonderem Reiz***

Das Soziale

hat im Gerätturnen insgesamt, so auch beim Turnen am MT eine besondere Bedeutung. Der Unterricht mit dem MT setzt ein verantwortliches Miteinander voraus und ist deshalb ein geeignetes Feld, auf dem die Schülerinnen und Schüler lernen können, soziale Interaktionen mit anderen Personen und Personengruppen aufzunehmen und ihre Identität als sozial handlungsfähige Personen zu entwickeln.

Verantwortliches Handeln beginnt beim Umgang mit dem Gerät und reicht bis zu speziellen Helfergriffen beim Helfen und Sichern von Bewegungsausführungen von Mitschülern.

☞ *MT-Unterricht braucht verantwortlich handelnde Schülerinnen und Schüler*

Soziale Verantwortung im Umgang mit dem Gerät ist die erste Voraussetzung für den sicheren Unterricht. Da, wo Schülerinnen und Schüler der Verführung des Gerätes erliegen, schon unbeaufsichtigt vor Beginn des Unterrichts oder noch danach Sprünge absolvieren oder sich durch "Lustsprünge" hervortun wollen, wird es am gefährlichsten. Verantwortungsbewußt handelnde Schülerinnen und Schüler können das Gerät selbst aufbauen, legen es an seinem Einsatzort vor Beginn des Unterrichts und nach seiner Beendigung bereitwillig auf die Seite und bemühen sich nur um die Ausführung derjenigen Aufgaben, die angesagt sind.

Beim Lernen und Üben von Bewegungsfertigkeiten ist die Kooperation der Schülerinnen und Schüler untereinander erforderlich: durch das direkte Handanlegen beim Helfen und Sichern von Bewegungsausführungen, die allein noch nicht ausgeführt werden können. Hilfen und Sicherungen sollen die sachgerechte Bewegungsausführung garantieren, sie haben im pädagogischen Prozeß jedoch mehr als nur instrumentelle Bedeutung von Lernhilfen. Im Vordergrund steht vielmehr die Erziehung zur Verantwortung für den anderen. Eindeutig wird damit den Praktiken widersprochen, nur die Kranken oder diejenigen als Helfer einzusetzen, die ihr Sportzeug vergessen haben (etwa als Strafe). Helfen und Sichern sind Lernziele des Sportunterrichts und bedürfen der gleichen Aufmerksamkeit wie die Bewegungsfertigkeiten, auf die sie gerichtet sind.

☞ *Helfen und Sichern sind Lernziele des Unterrichts*

Es steht außer Zweifel, daß für das Helfen und Sichern Lernprozesse erforderlich sind, die eine Beurteilung verlangen wie jeder andere Lernprozeß auch. D.h., für den Erwerb derartiger Qualifikationen sind methodische Schritte erforderlich, an deren Beginn Helfergriffe in relativ einfachen und ungefährlichen Situationen angewendet werden. Daß Hilfen da angenommen werden, wo sie eigentlich noch nicht nötig wären und nicht nur als im Wege stehend und bewegungshindernd wahrgenommen werden, bedarf des besonderen Gespürs der Lehrkraft. Erst ausreichende Erfahrung gestattet einen Einsatz auch bei schwierigen Fertigkeiten oder aber ihrer Sicherung.

Häufig ist aktives Helfen und Sichern jedoch an einen kräftemäßigen Vorsprung des Helfers gebunden, wie er normalerweise nur zwischen Lehrkraft und Schülerinnen und Schülern besteht. In diesen Fällen haben die Gerätehilfen, die indirekten Bewegungshilfen (z.B. Gerätehügel bei der Erarbeitung des Saltos) eine besondere Bedeutung. Sie sind nicht in dem Maße vom Können oder der Zuverlässigkeit des Helfers abhängig, gestalten die Lernsituation relativ ungefährlich, so daß sich in einer Kombination von direkten und indirekten Bewegungshilfen ein breites Feld verantwortungsbewußten, kooperativen Handelns eröffnet. Beim MT-Springen ist dabei besonders zu beachten, daß bei hohen Sprüngen nur dann sinnvoll geholfen werden kann, wenn auch die Helfer in erhöhter Position standfest eingreifen können.

☞ ***In der Kombination von indirekten und direkten Bewegungshilfen liegt ein weites Feld kooperativen Handelns***

Schwerpunktsetzungen im sozialen Bereich beeinflussen auch die Stoffauswahl, denn sie führen zur Bevorzugung von Inhalten, die geeignet sind, kooperatives Handeln zu fördern. Und die pädagogischen Möglichkeiten vermehren sich, wenn nach Gelegenheiten für gemeinsames kooperatives Handeln gesucht wird.

☞ ***Gelegenheiten für kooperatives Handeln vermehren die pädagogischen Möglichkeiten***

Dieser Zielsetzung wollen wir insbesondere mit den "Sprüngen mit Begleitung" Rechnung tragen.

Bewegung als Leistung der Gruppe erfahren, bedarf der Kleingruppenarbeit. Ihr ist gegenüber der Riegenarbeit der Vorzug zu geben. Gruppenarbeit ist die Voraussetzung für die für kooperatives Handeln notwendige Kontaktaufnahme, für eine Arbeitshaltung, die als verantwortungsbewußtes, arbeitsteiliges, relativ selbständiges Handeln gekennzeichnet werden kann. In ihr liegt die Chance, daß Schülerinnen und Schüler sich für ihre Mitschüler einsetzen, ihnen Tips und bereitwillig Hilfe geben, daß sie sich über die Leistungen ihrer Mitschüler freuen und die eigene Leistung als Leistung der Gruppe anerkennen. Durch die Arbeit in der Gruppe wird die Interdependenz von Hilfeleistung und Hilfsbedürftigkeit am besten erfahren.

Durch Aufforderungen zu gemeinsamem, kooperativem Handeln werden Grundlagen gelegt, die die Schülerinnen und Schüler verantwortlich an der Unterrichtsgestaltung mitwirken lassen. Durch die Bereitschaft, zu helfen und sich von Mitschülern helfen zu lassen, werden Möglichkeiten eines übungsdichten, intensiven Unterrichts eröffnet. Dennoch ist keineswegs beabsichtigt, den Unterricht am MT zu einem "Hilfestellungsbetrieb" entarten zu lassen, und Helfen und Sichern sollen auch nicht als Selbstzweck verstanden werden. Ist die Übung zunächst auch eine Leistung der Gruppe, so wird sie mit zunehmender Sicherheit eine Leistung des Übenden.

Die Hilfestellung sollte jedoch so lange beibehalten werden, bis die Schülerinnen und Schüler über jenen Grad an Bewegungserfahrung verfügen, der ein Mißlingen weitgehend ausschließt. Denn Verletzungen sind oftmals die Folge von Orientierungsverlust, ein Fehlverhalten, das erfahrungsgemäß auch nach mehrmaligem Gelingen noch auftreten kann. Die Bewegungshilfe geht bei gekonnter Bewegung in die Bewegungssicherung über, und diese sollte beim MT-Springen auch bei einfachen Sprüngen noch geleistet werden.

☞ ***Auch einfache und gekonnte Sprünge werden gesichert***

Das Motorische

gewinnt seine Möglichkeiten und Reichhaltigkeit durch die katapultierende Wirkung des Geräts. Die so vermittelten Bewegungsenergien erschließen ganz neue motorische Erfahrungsbereiche. Das MT hat sich aus diesem Grunde von einem Hilfsgerät (Absprungtrampolin) zu einem eigenständigen Gerät entwickelt, ist darüber hinaus aber auch bei der Erarbeitung einer Vielzahl von Fertigkeiten an anderen Geräten eine Bereicherung des methodischen Vorgehens, auf die man nicht verzichten sollte.

☞ ***Das MT erschließt eigene motorische Erfahrungsbereiche***

Der motorische Schwerpunkt liegt im Bereich einer vielseitigen Schulung koordinativer Fähigkeiten, Bewegungsgeschicklichkeit und Bewegungsgewandtheit. Die lange Flugphase gibt Gelegenheit, die Bewegungskoordination und die Kontrolle des Körpers während des Fluges zu üben.

Voraussetzung für alle Sprünge ist ein großes Maß an Bewegungsgenauigkeit, und diese muß mit besonderer Sorgfalt erarbeitet werden. Denn je ungewohnter und weiter entfernt von den Alltagsbewegungen sportliche

Übungen sich bieten, desto größer sind die Störfaktoren beim Lernen von neuen Bewegungsmustern, und desto größer ist bei mangelnder Vorbereitung die Verletzungsgefahr.

Diese Vorbereitung geschieht durch eine intensive Sprunggewöhnung. Sprunggewöhnung meint den Umgang mit dem Gerät in einfachen, aber vielfältigen Formen. Mit ihrer Hilfe lernen die Schülerinnen und Schüler die Wirkung der katapultierenden Kraft kennen und gewinnen Routine darin, angemessen zu reagieren. So gelingt es, die labilen Gleichgewichtszustände zu beherrschen und damit die koordinativen Voraussetzungen für die dann zu erarbeitenden Kunstfertigkeiten zu schaffen.

☞ ***Am Anfang steht eine intensive Sprunggewöhnung***

Kunstfertigkeiten werden in der einschlägigen Literatur in großer Fülle angeboten. Sie reichen von freien Sprüngen über Stützsprünge und Rollen bis hin zu Überschlägen und Salti verschiedenster Art. Allerdings sind einige Autoren eher der Verführung des Gerätes erlegen, als daß Sachgemäßheit und Unterrichtsrelevanz Anwälte ihrer Auswahl gewesen wären. Die einschlägigen Lehrbücher bieten leider eine ganze Reihe von Angeboten und methodischen Vorschlägen, durch deren Realisierung Unfälle geradezu provoziert würden.

Bei der Stoffauswahl sind insbesondere die mit dem Gerät verbundenen biomechanischen Besonderheiten zu berücksichtigen. Die katapultierende Wirkung des Gerätes eignet sich als Sprungunterstützung für alle Bewegungsformen, bei denen der Oberkörper die Bewegung nach oben anführt oder aber durch Tiefnehmen des Oberkörpers eine Dreh- oder Überschlagbewegung eingeleitet wird. Für Stützsprünge ohne Drehbewegung um die Breitenachse (Hocke, Grätsche) sind die Bedingungen nur dann entsprechend sachgerecht, wenn das zu überspringende Gerät entsprechend hoch gestellt ist. Tiefgestellte Geräte führen zu einem Absenken des Oberkörpers. Dadurch wird eine Drehbewegung eingeleitet, die eine Landung auf den Füßen unmöglich macht (vgl. DICKHUT 1973).

☞ ***Bei der Stoffauswahl die mit dem Gerät verbundenen biomechanischen Besonderheiten beachten***

Das bedeutet: Wer unter Einbeziehung des MT über ein relativ niedriges Gerät Stützsprünge ohne Drehung um die Breitenachse ausführen läßt, handelt fahrlässig, weil durch das zwangsläufige Hochgeschleudertwerden der Beine Unfälle geradezu herausgefordert werden. Da es ohne methodische Erleichterungen - und hierfür steht das niedrige Gerät - jedoch kaum möglich ist, Stützsprünge über hohe Geräte vorzubereiten, und an entsprechend hohen Geräten eine angemessene Hilfestellung nicht möglich ist, sollte man den Mut haben, im Sportunterricht der Schule auf dieses Angebot ganz zu verzichten. Hocken und Grätschen über hohe Geräte sind nur für geübte Springer angemessen.

☞ ***Vorsicht vor unsachgemäßer Verwendung des Gerätes***

Unsachgemäße Verwendung des Gerätes liegt u.E. auch dann vor, wenn Einbeinsprünge oder ein Nacheinanderaufsetzen der Beine verlangt werden. Die Wirkung auf Bänder und Gelenke ist dann unkalkulierbar. Sie wird nur dadurch in Grenzen gehalten, daß beidbeinig und mit der notwendigen Spannung im Beinbereich gesprungen wird.

Die konditionellen Voraussetzungen werden am Gerät selbst erarbeitet. Ganz organisch verzahnen sich die koordinative und die konditionelle Ausbildung, wenn die konstitutionellen Voraussetzungen vorhanden sind. Für letztere kann man ganz grob annehmen, daß eine MT-Benutzung vor dem 9. Lebensjahr nicht sinnvoll ist, weil weder die Kraft noch das Gewicht ausreichen, eine angemessene Wirkung des Sprungtuches zu erzielen. Für erstere ist von Bedeutung, daß im hohen Aufforderungscharakter der Reiz zu dauernden Wiederholungen und damit auch die Chance liegt, das MT konditionsfördernd einzusetzen.

Das wird jedoch kaum gelingen, ohne eine weitere Voraussetzung zu berücksichtigen: die Organisation des Unterrichts. Die Organisation des Unterrichts, insbesondere die Anordnung der Geräte in "Flüssen", "Strömen" und Kreisen ist die Gewähr dafür, daß die Sportstunde zur Kreislaufstunde wird.

☞ ***Im Reiz zur Wiederholung liegt die Chance zur Kreislaufstunde***

Voraussetzung dafür ist natürlich das Vorhandensein mehrerer Geräte. Sehr variabel kann mit vier MTs gearbeitet werden. Jedes Gerät weniger schränkt die Vielfalt und auch die Übungsdichte ein.

Das Kognitive

gewinnt im Sporttreiben überall dort an Bedeutung, wo die Bewußtheit gefordert ist. Kognitives liegt quer zu allen Inhalten und zur methodisch-organisatorischen Gestaltung des Unterrichts. So laufen sportliche Vollzüge nicht ohne gedankliche Beteiligung ab, andererseits sind weder das Erlernen sportmotorischer Fertigkeiten noch die Bewältigung von Situationen im sozialen Bereich ohne die kognitive Komponente denkbar, und auch die Erledigung unterrichtsorganisatorischer Aufgaben, bei denen die Schüler z.B. mit in die Verantwortung der Unterrichtsgestaltung genommen werden, verlangen eine bewußte Berücksichtigung gedanklicher Prozesse.

Beim MT-Springen geht es in erster Linie um ein erhöhtes Sicherheitsbewußtsein. Das MT wird sein Image als unfallträchtiges Gerät nur dann überwinden, wenn jeder Beteiligte sein Teil dazu beiträgt, das Unfallrisiko so gering wie möglich zu halten.

☞ ***MT-Unterricht verlangt ein erhöhtes Sicherheitsbewußtsein aller Beteiligten***

Eine effektive Teilhabe der Schülerinnen und Schüler an der Sicherheit verlangt Kenntnisse über die Handhabung des Gerätes, die biomechanischen Besonderheiten, die technische Absicherung der Sprunganlagen, das Bewegungsverhalten bei Ein- und Aussprung, die Hilfe- und Sicherheitsstellung, und sie verlangt ein an der Sicherheit orientiertes diszipliniertes Verhalten.

Besonders anschaulich gelingt es, diese Kenntnisse mit Hilfe von Arbeitskarten oder Schülerarbeitsblättern zu vermitteln, mit deren Aufwand darüber hinaus auch die Wichtigkeit der Sicherheitsvorkehrungen unterstrichen wird. Diese können als Information vorweg (z.B. auch als Hausaufgabe) oder unterrichtsbegleitend (z.B. auch über Overhead) dargeboten werden. Wir haben uns bemüht, eine Reihe von Arbeitskarten zu entwerfen, und fordern ausdrücklich dazu auf, diese für die Erstellung entsprechender Unterrichtsmaterialien zu kopieren.

☞ ***Arbeitskarten vermitteln Kenntnisse***

3. Vorschläge für die Unterrichtspraxis

3.1 Gewöhnung an die Schleuderwirkung des MT

Das fremde Gerät bedarf zunächst einer intensiven Sprunggewöhnung. Mit ihr wird der Grundstein gelegt für die Vertrautheit mit den andersartigen Bedingungen, für die Beherrschung der mit dem Gerät verbundenen labilen Gleichgewichtszustände und für die koordinativen Voraussetzungen.

Die Schleuderwirkung des Geräts kann gefahrlos erprobt werden, wenn die Übenden sich irgendwo festhalten können. Der "fixierte" Oberkörper erlaubt eine gute Kontrolle der auf den Körper einwirkenden Fremdkraft. Die Griffhöhe muß jeweils so eingerichtet sein, daß sie beim tiefen Einspringen ins Tuch fest bleibt und beim hohen Aussprung kein Überschlagen möglich ist. Die beste Abstufung ist an der Sprossenwand möglich. Der Stand vor der Wand liefert gleichfalls eine natürliche "Bremse" und vermeidet übertriebene Sprünge nach oben.

Bei den Sprungausführungen sind die Beine im Tuch schulterbreit auseinander, und die Federwirkung wird nur dann richtig erfahren, wenn die Beine dem Tuch eine angemessene Spannung entgegensetzen.

Federn ***Abbremsen***

Gibt der Übende beim Einsprung ins Tuch dagegen in den Knien nach, wird die Federwirkung "geschluckt" und die Sprungausführung abgebremst. Das Abbremsen ist eine wichtige Erfahrung für den weiteren Umgang mit dem Gerät.

Mit variablen, kreativen Sprungausführungen (Anhocken, Grätschen, Spreizen, "Zappeln") wird die Sprungerfahrung erweitert.

Der Wechsel von Gerät zu Gerät an der Sprossenwand entlang nach dreimaligem, zweimaligem oder nur einmaligem Federn ist abschließend eine besondere Herausforderung.

Möglichkeiten zum Festhalten bieten auch der Barren, das Reck und auch ein angemessen hoher Kasten.

am Barren

Das Minitrampolin

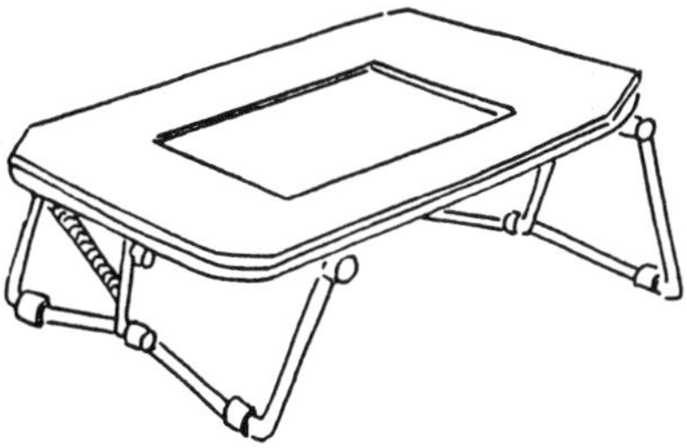

☞ *Gerät vor dem Gebrauch überprüfen*

☞ CHECKLISTE:

☞ *Abdeckung*

☞ *Verspannung*

☞ *Federhaken*

☞ *Gleitschutz*

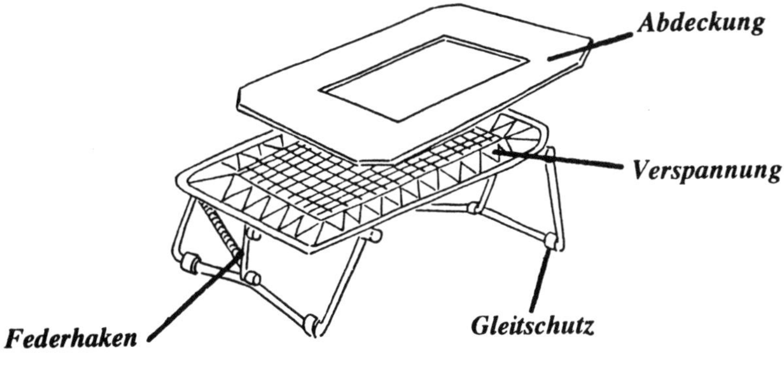

Handhabung des Minitrampolins

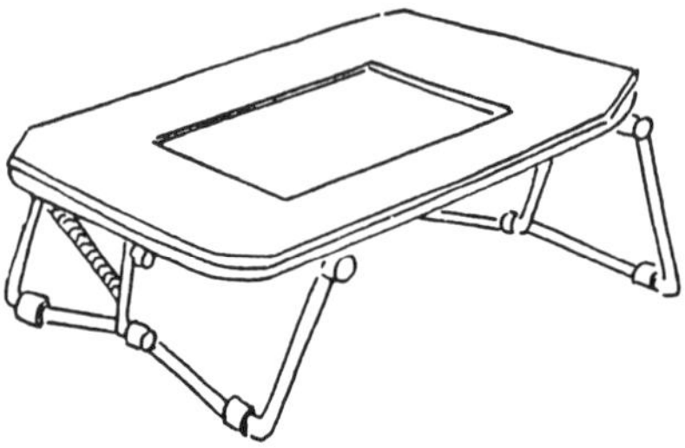

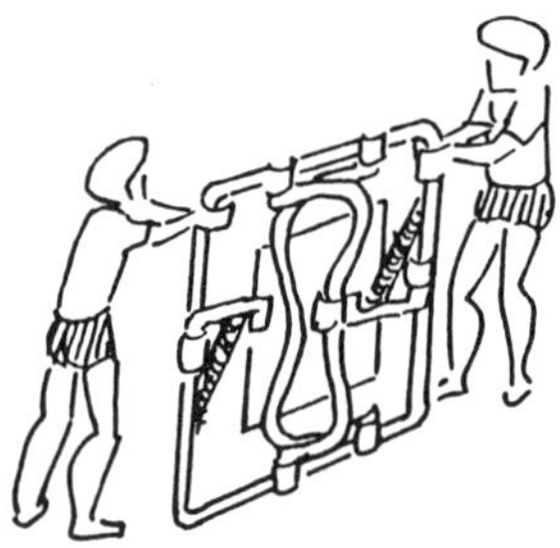

☞ *Gerät hochkant stellen*

☞ *Beine des Geräts herausklappen und mit dem Fuß sichern*

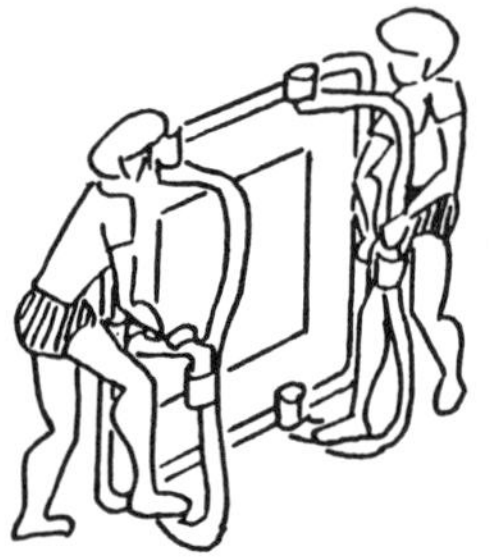

☞ *Federhaken einsetzen*

am Reck
(Reckhöhe beachten!)

am Kasten
(Kastenhöhe beachten!)

Auch diese Geräte bieten Möglichkeiten für eine variable Gestaltung der Sprunggewöhnung. Zwei zueinander passende Barren lassen sich so aufbauen, daß ein großes Viereck mit vier Stationen entsteht.

Stehen die Barren in Holmenlänge Abstand nebeneinander, entsteht durch Umdrehen eines Holmes ein langes Übungsgerät, an dem an drei oder vier Stationen gleichzeitig geübt werden kann. Eine interessante Aufgabe ist das synchrone Springen an allen Stationen mit gleichen Sprungübungen.

Gleiche Aufgaben sind am Reck möglich, wenn alle Geräte nebeneinander stehen oder je zwei MTs an einem Gerät versetzt gegenüber aufgestellt werden.

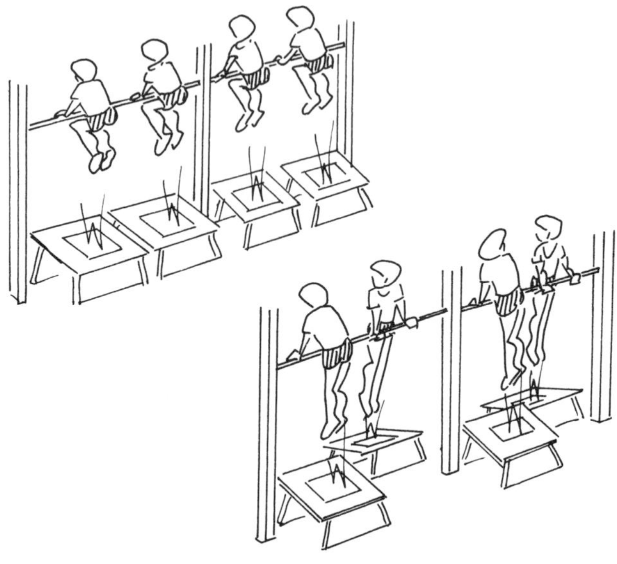

Federn am Minitrampolin

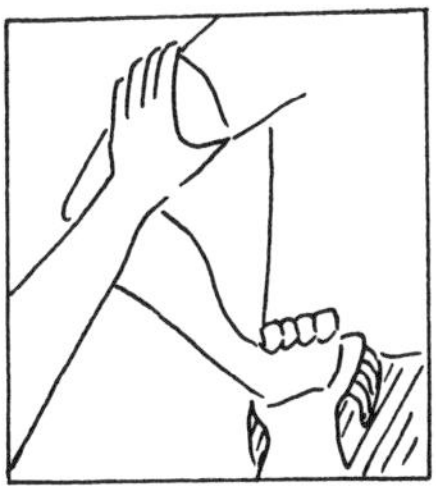

So erfaßt Du den Übenden

Beim Federn:
☞ *BEINE SPANNEN*

Beim Abbremsen:
In den Knien
☞ *NACHGEBEN*

An zwei zusammengestellten Kästen entsteht eine sehr kompakte Anlage, an der von vier Seiten gesprungen werden kann. Dabei ist auf eine entsprechende Höhe der Kästen zu achten.

Möglichkeiten zum Festhalten geben auch zwei Helfer, wenn sie erhöht links und rechts von den Übenden stehen. Sie geben ihm die Hand, begleiten die Sprungbewegung und stabilisieren ihn mit der zweiten Hand am Oberarm. Die Sprungübungen werden wie vorher nach mehrmaligem Federn durch Nachgeben in den Knien "abgebremst".

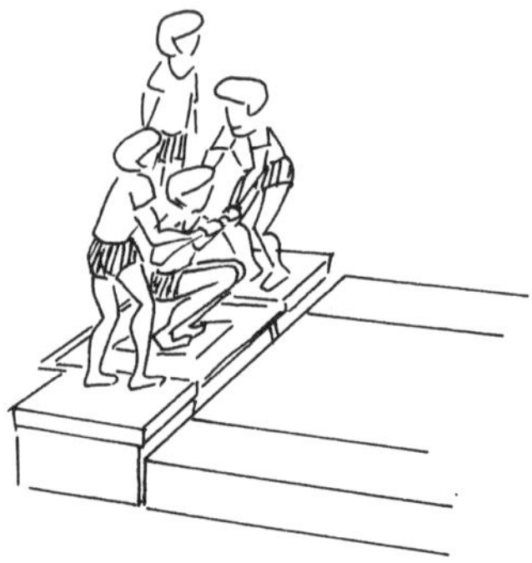

Mit gleicher Sicherung wird der erste Strecksprung aus dem Federn ausgeführt. Die Helfer müssen ihre Griffe rechtzeitig lösen, damit der Übende nicht zurückgezogen wird.

Eine im Bogen um das MT herum eingestellte Bodenmatte zwingt zu höheren Aussprüngen.

Für den Einsprung aus dem Anlauf wird ein kleiner Kasten in Längsrichtung vor das MT gestellt. Er dient als "Bremse", ermöglicht den Einsprung von oben und ist eine geeignete Rhythmushilfe: "Ein Bein auf den kleinen Kasten, dann beide Beine auf's MT". Beim Einsprung werden den Helfern die Hände zugereicht, so daß sie den Strecksprung unterstützend nach oben begleiten können.

Ein vorgestellter Mattenbogen verlangt erhöhte Aufmerksamkeit auf den Aussprung.

Beim Einsprung von einer Erhöhung liegt der Schwerpunkt auf der Anspannung der Beine, deren Notwendigkeit hier besonders erlebt wird. Die Erhöhung sollte jedoch aus Gründen der Belastung nicht höher als zwei kleine Kästen oder ein vierteiliger großer Kasten sein.

Wenn vier Geräte zur Verfügung stehen, kann der Unterricht einigermaßen übungsdicht gestaltet werden. Der Übungsfluß hängt wesentlich von der Anordnung der Geräte und der Gestaltung der Übungswege ab. Entsprechend günstig sind Aufbauten, die sowohl stationäres Üben als auch das Üben in großen Bewegungswegen ermöglichen.

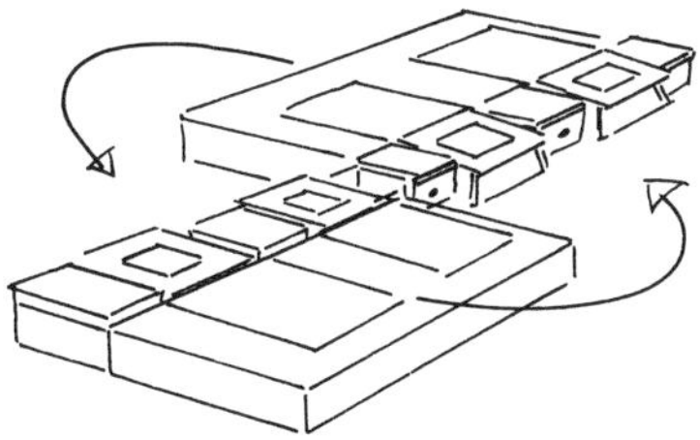

Stationäres Üben und Üben in Kreisen. Dabei wandert z.B. die gesamte Dreiergruppe, d.h. die Helfer und die Übenden.

Üben in Bahnen und im Kreisdurchgang

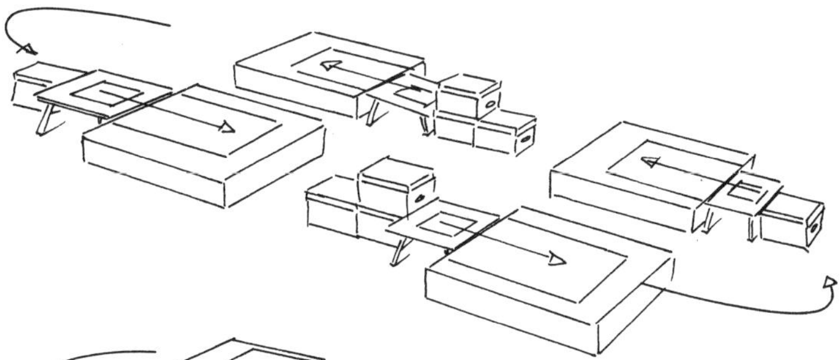

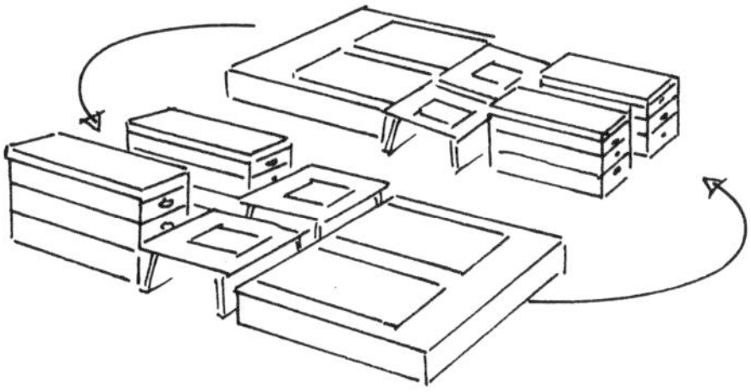

Stationäres Üben und Üben im Kreisdurchgang

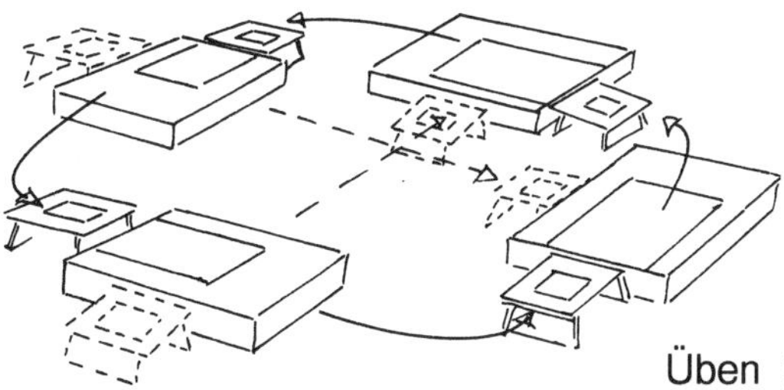

Üben im Kreis und in Bahnen überkreuz

Erste große Flüge werden erlebt, wenn es über höhere Hindernisse geht. Zwei erhöht stehende Helfer sichern die Bewegung und unterstützen den Sprung über den Kasten mit kräftigem Zug an der Hand. Sie stabilisieren den Flug mit der anderen Hand am Oberarm. Die ersten Versuche erfolgen aus mehrmaligem Federn. Die Übenden zählen beim Federn mit ("eins. zwei, **drei**"), so daß die Helfer sich auf den Absprung einstellen können. Sie müssen die Hände rechtzeitig lösen, damit die Übenden nicht zurückgezogen werden.

Beim Übersprung aus dem kurzen Anlauf reichen die Übenden den Helfern die Hände entgegen, so daß diese den Sprung genauso wie vorher unterstützen können.

Die aktive Hilfe geht in die Bewegungssicherung über. Die beiden Helfer stehen seitlich auf dem Kasten und greifen nur bei Unregelmäßigkeiten in die Bewegung ein. Mit Strecksprüngen und Hocksprüngen läßt sich

Hilfestellung:
Sprung über ein Hindernis

Eine Hand
☞ *ENTGEGENREICHEN*

und

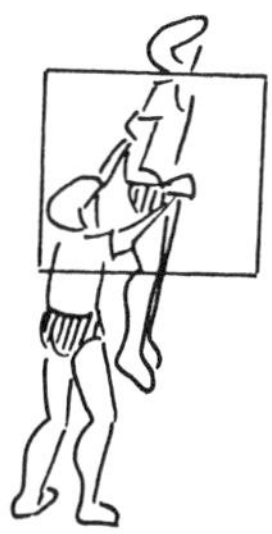

lange
☞ *BEGLEITEN*

ein variables Programm gestalten.

Eine interessante Organisation des Unterrichts gelingt mit einem Aufbau der Kästen in W-Form. Die Helfer stehen dabei dicht neben den Übenden und werden ihrer Aufgabe damit besonders gerecht. Spannend wird es, wenn allmählich erhöhte Kästen zu überwinden sind.

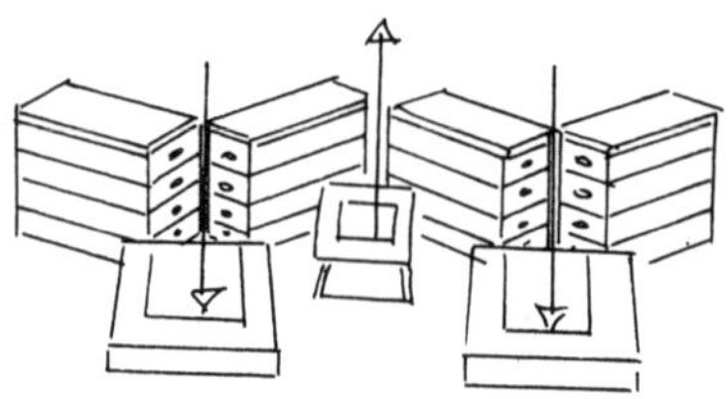

Beim Aufbau der Geräte in einem großen Kreis können die MT-Springer/innen entweder stätionär üben oder in einem Kreisdurchgang mit viel Bewegung.

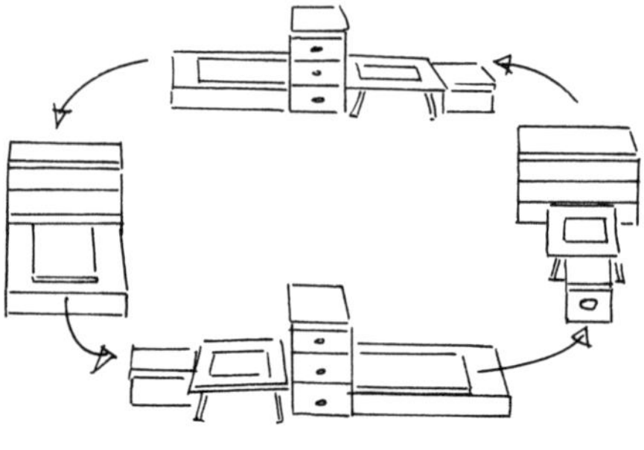

Durch einen anderen Aufbau ergibt sich ein wellenartiger Strom. Auch hier entsteht beim Wechsel von Gerät zu Gerät viel Bewegung.

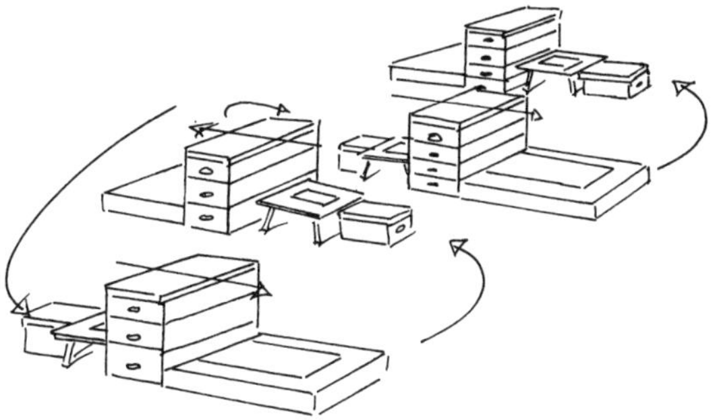

3.2 Sprünge mit Begleitung

Bei "Sprüngen mit Begleitung" werden die Übenden sowohl beim Anlauf als auch bei den Sprungausführungen von zwei Helfern, später von einem Helfer mit Handfassung begleitet. Auf diese Weise erschließt sich auch schon für Anfänger ein überaus variables Sprungangebot, das die Erfahrung im Umgang mit dem Gerät erweitert. Da die Übenden immer in Gruppen unterwegs sind, kommt es zu sehr intensiven Bewegungsangeboten.

Die beiden Helfer bleiben beim Anlauf und beim Sprung am MT auf Höhe des Übenden. Beim Aussprung führen sie zur Unterstützung des Sprunges die Arme nach oben. Um nah am Übenden zu bleiben, laufen sie mit dem Sprung auf den Weichboden.

Steht nur ein Helfer zur Verfügung, begleitet er entsprechend nur an einer Seite mit Handfassung. Auch bei dieser Ausführung läuft der Helfer beim Sprung auf den Weichboden und sichert den Übenden bis zum Stand.

Eine Variation ist der Sprung mit Begleitung an einer Kastentreppe.

Bei den Kleinen ist es günstig, die Begleitung etwas höher einzurichten, damit die Sprünge wegen zu geringer Reichhöhe nicht behindert werden. Eng an das MT gestellte Bänke, auf denen die Begleitung mitgeht, leisten hier gute Dienste. Aus Sicherheitsgründen sollten die Helfer nicht auf den Bänken laufen.

Auch nur eine Begleitung hat auf der Bank eine bessere Position als auf dem Boden. An deren Ende kann sie problemlos den Weichboden betreten.

Mit diesen Erfahrungen sind die Voraussetzungen für schwierigere und interessantere Aufgabenstellungen erworben. Als solche gelten die Mehrfachsprünge, deren Auftakt der Zweifachsprung bildet. Dafür werden zwei MTs dicht hintereinander gestellt.

Bei den Kleinen wird der Aufbau wieder von Bänken eingerahmt. Die bis an die MTs herangestellten Bänke stehen so sehr stabil.

Eine erste Herausforderung für eine kontrollierte Sprunggestaltung sind zwei übereinanderstehende kleine Kästen zum Abschluß der Sprungfolge.

Diese können später durch einen großen Kasten mit wachsender Anzahl von Teilen ersetzt werden.

Bei deutlich erhöhtem Gerät nimmt ein auf dem Kasten stehender Helfer den Übenden in Empfang. Dieser streckt ihm, zuvor auf der anderen Seite von einem zweiten Helfer begleitet, die freie Hand entgegen.

Nach ersten Erfahrungen mit dem Doppelsprung und bei größeren Schülern ist es sinnvoll, zwischen die MTs kleine Kästen zu stellen. Auf diese Weise werden die Sprünge ein bißchen gestreckt. Die kleinen Kästen sind sichere Landeflächen bei eventuellen Unregelmäßigkeiten.

Dieser Aufbau läßt sich in vielfacher Weise herausfordernd umgestalten. Zunächst geschieht das wieder mit einem hohen Aussprung.

Dieser kann wieder durch große Kästen sehr hoch gestaltet werden. Ab fünf Kastenteilen nimmt ein auf dem Kasten stehender Helfer den Übenden in Empfang.

Jetzt wird zusätzlich der erste Kasten durch einen weiteren kleinen Kasten erhöht. Auch die erhöhten kleinen Kästen eignen sich bei Unregelmäßigkeiten ausgezeichnet als Landeflächen.

Ein anschließender großer Kasten bedeutet noch einmal eine Erhöhung der Schwierigkeit.

Eine interessante Variante ergibt sich mit eingestellten Mattenbögen, die durch seitlich angestellte Bänke Festigkeit erlangen.

Jetzt erweitern wir die Sprunganlage um ein MT auf drei hintereinanderstehende Geräte.

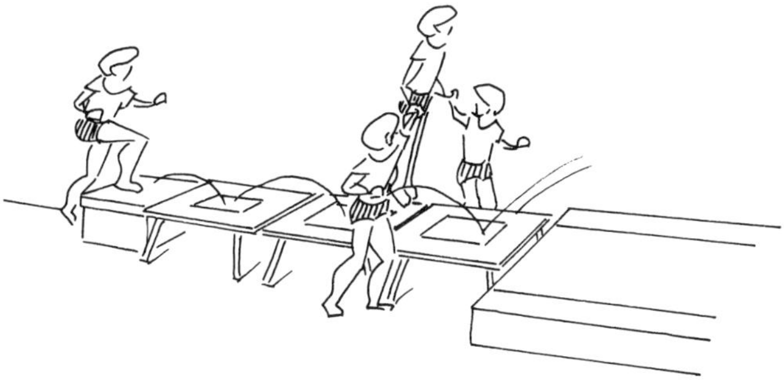

Wie beim Doppelsprung beginnen wir die Veränderung der Sprunganlage mit dem Einstellen von kleinen Kästen.

Die nächste Steigerung ist ein erhöhter Aussprung, gestaltet mit übereinander stehenden kleinen Kästen oder mit einem großen Kasten.

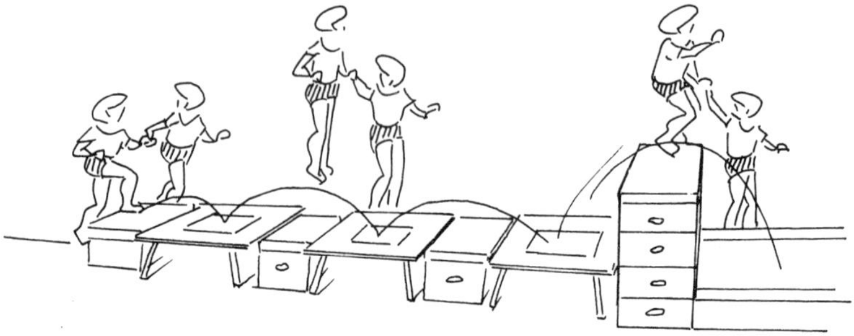

Die Erhöhung des kleinen Kastens zwischen den letzten beiden MTs macht die Sprungfolge anspruchsvoller.

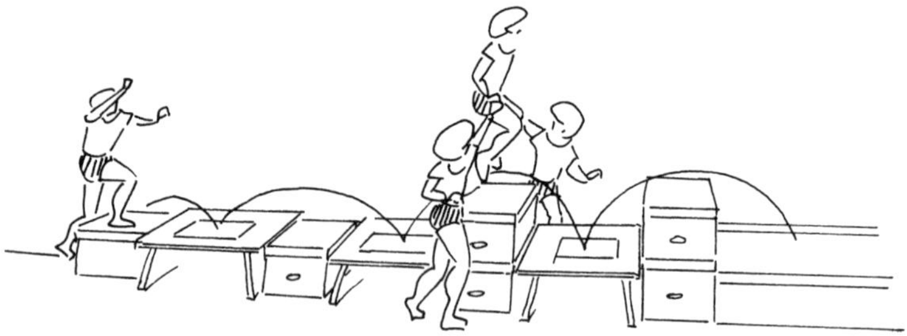

Schließlich erhöhen wir auch noch den letzten kleinen Kasten, so daß eine Sprungfolge entsteht, bei der nur noch das erste MT direkt eingesehen werden kann.

Ein viertes MT erweitert noch einmal die Sprunganlage. Bei den jüngeren Schülerinnen und Schülern stehen die Geräte eng hintereinander.

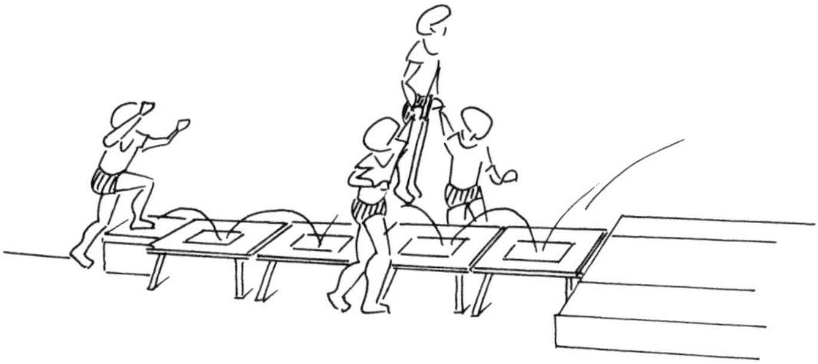

Bei den Kleinen sorgen Bänke für bessere Zugriffmöglichkeiten der Helfer.

Die mit kleinen Kästen erweiterte Anlage erlaubt relativ raumgreifende Sprünge. Die zwischengestellten Kästen ermöglichen bei Unregelmäßigkeiten Landungen zwischen den Geräten, so daß sie auch wichtige Sicherheitsmaßnahmen darstellen.

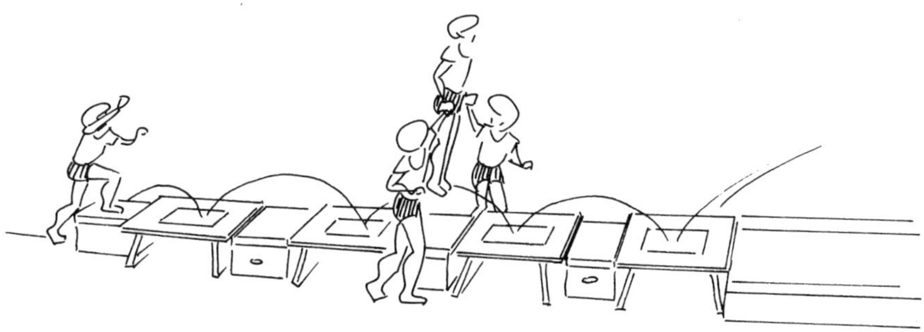

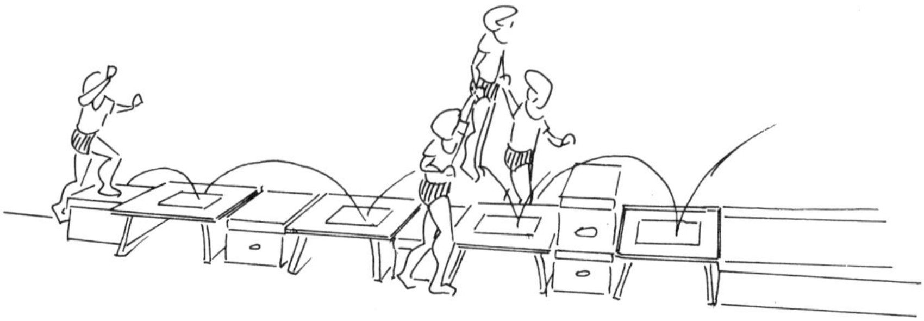

Mit den Erhöhungen der zu überspringenden kleinen Kästen beginnen wir wieder am Ende, so daß sich die Bedingungen an den ersten Geräten noch nicht ändern. Schritt für Schritt wird dann die Hindernisreihe bis nach vorne vervollständigt.

Alle Mehrfachsprünge erfolgen schließlich mit nur noch einer Begleitung. Beim letzten Sprung bildet ein großen Kasten eine deutliche Herausforderung.

Eine interessante Variante sind Paarsprünge, die ebenfalls von zwei Helfern begleitet werden. Am Anfang steht der einfache Sprung.

Kleine Doppelkästen oder ein großer Kasten zwingen zu einem höheren Aussprung.

Mit vier MTs wird auch diese Variante zu einem Doppelsprung erweitert.

Auch hier zwingt eine abschließende Erhöhung durch Kästen zu einem kräftigen Aussprung.

Steigerungen erfährt die Aufgabenstellung durch weitere Kästen. Wenn sie zwischen den MTs stehen, versperren sie die Sicht für den Einsprung ins zweite MT.

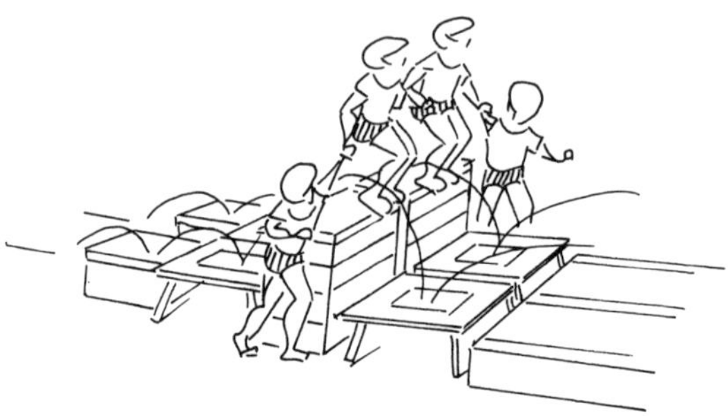

Richtig spannend wird es, wenn beide Sprünge über hohe Kästen führen.

Verwendet der/die Übungsleiter/in nur zwei MTs, kann er/sie das Üben durch die Anordnung der Geräte so gestalten, daß große, in sich geschlossene Übungswege entstehen.

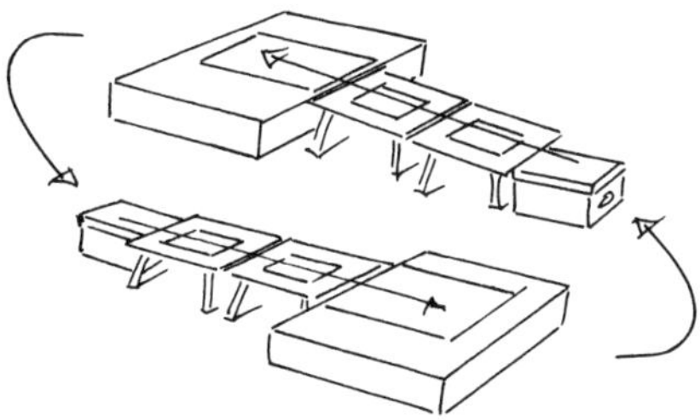

Stationäres Üben und Üben im Kreisdurchgang

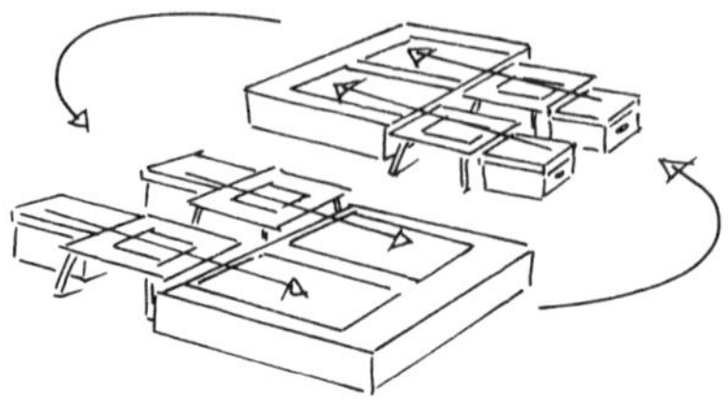

Stationäres Üben und Üben im Kreisdurchgang

Bei Paarsprüngen mit nur einer Begleitung bietet sich bei flach gestellten Geräten das Üben überkreuz an.

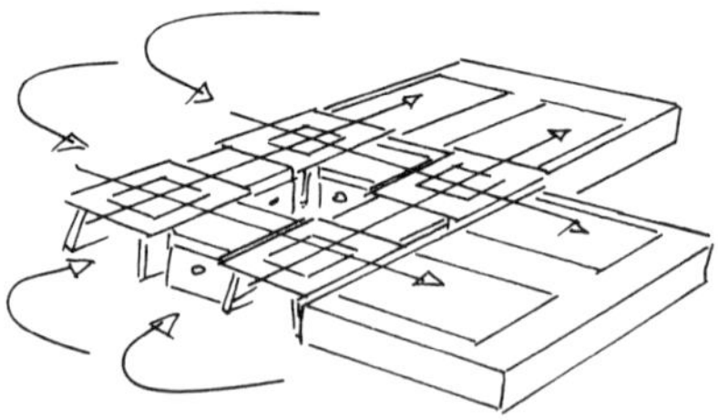

Üben am "Doppelkreuz"

Eine weitere interessante Variante der "Sprünge mit Begleitung" sind die "Sprünge um die Ecke", bei denen sich während des Springens die Bewegungsrichtung ändert. Die Drehung erfolgt schon vor dem Einsprung ins MT. Nur ein Helfer begleitet.

Eine Steigerung erzielen wir über den erhöhten Einsprung. Mit einer Kastentreppe gelangt der Übende problemlos nach oben.

Zusätzliche Kästen hinter dem MT verlangen einen kräftigen Aussprung.

Ein Sprung mit einer viertel Drehung ist erforderlich, wenn ein Kasten in Längsrichtung hinter dem MT steht.

Die Übenden beginnen von verschiedenen Seiten und beenden ihren Sprung nach Drehung und Handfassung gemeinsam.

Jetzt werden zwei MTs hintereinander aufgestellt. Der Sprung "um die Ecke" erfolgt beim Einsprung ins erste Trampolin.

In etwas veränderter Geräteaufstellung erfolgt der Sprung "um die Ecke" erst am Ende des Doppelsprunges.

Kleine Kästen beim Aussprung steigern den Aufforderungscharakter.

Eine stufenweise (allmählich) steigende Sprunghöhe ermöglicht der große Kasten. Wer es noch nicht schafft, "landet" erst einmal obendrauf.

Anspruchsvoller wird es, wenn der Doppelsprung selbst "um die Ecke" geführt wird. Ein kleiner Kasten in Verlängerung des ersten MT dient der Sicherheit.

Zwischengestellte kleine Kästen geben dem Sprung "um die Ecke" einen besonderen Akzent.

Weitere eingestellte Kästen erzwingen einen besonders kräftigen Absprung.

Eine Variante ist das Springen von Kasten zu Kasten, bei dem MTs und Kästen im Halbkreis aufgebaut sind.

Mit vier Trampolinen kann eine Anlage aufgebaut werden, an der wechselseitig zu zwei Seiten geübt werden kann: Das erste Paar springt nach links, das nächste nach rechts usw.

Mit eingestellten Hindernissen wird die Aufgabe anspruchsvoller gestaltet.

Das gleiche erreicht man mit großen Kästen beim Aussprung.

Alle vier Trampoline bilden schließlich einen großen Kreis. Jeder Springer absolviert eine ganze Runde.

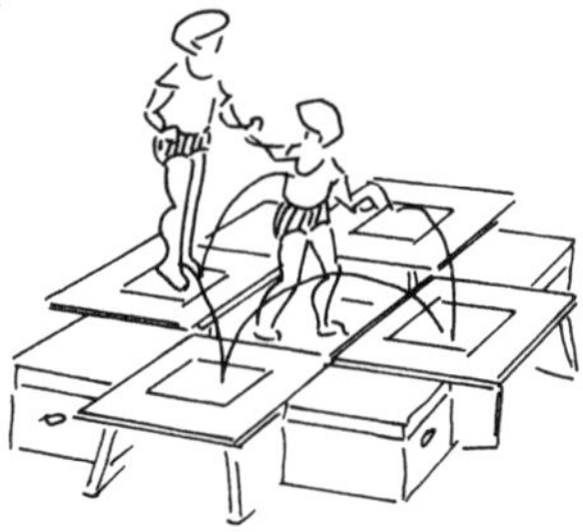

Zwischengestellte Hindernisse sorgen für eine beträchtliche Erschwerung der Aufgabe.

Bei der Organisation des Übens ist besonderes Augenmerk darauf zu richten, daß die Geräte so kombiniert sind, daß große Bewegungswege entstehen.

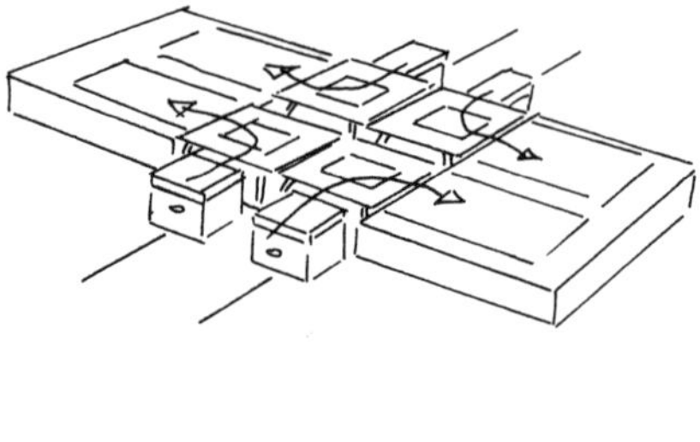

Stationäres Üben und Üben in Teilkreisen

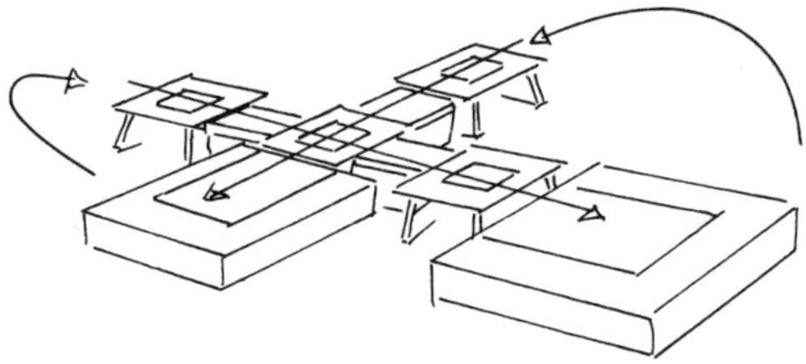

Üben überkreuz

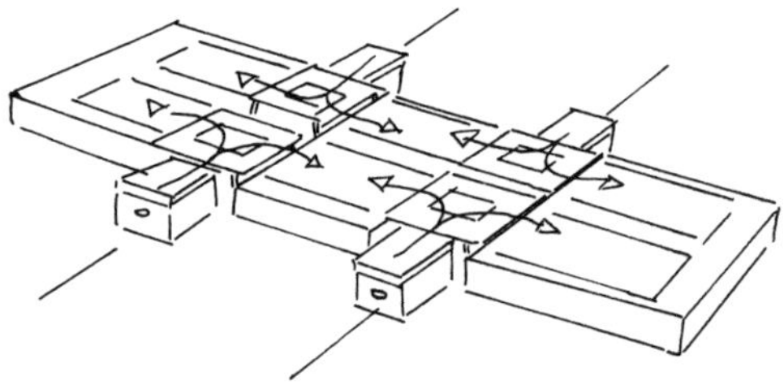

Stationäres Üben und Üben im Kreisdurchgang

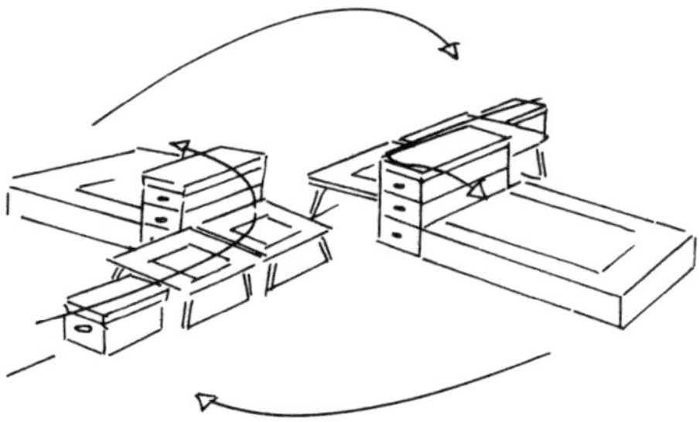

Stationäres Üben und Üben im Kreidurchgang

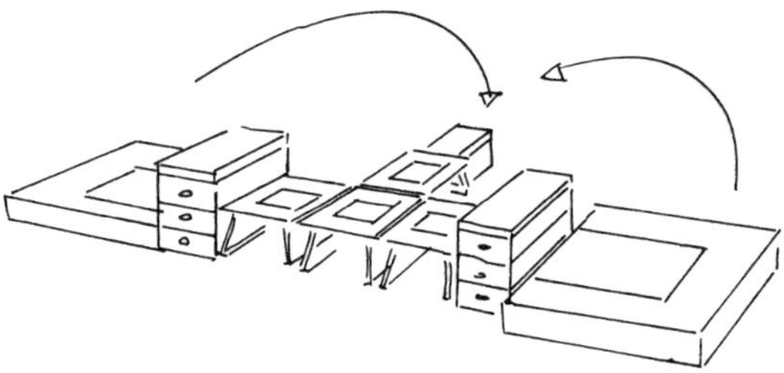

Üben in der "Acht"

3.3 Insel-Springen

Beim Insel-Springen werden die Übenden nicht mehr begleitet, sondern lediglich von Helfern empfangen. Erst ausreichende Sprungerfahrung läßt die Sprünge ohne Helfer zu und schafft die Voraussetzung für den Übergang zu den freien Sprüngen. Als Inseln eignen sich besonders die großen Kästen. Sie stehen quer oder längs zwischen den MTs.

Zunächst geht es von Insel zu Insel, d.h. jeder Sprung endet im sicheren Stand auf einem Kasten. Der Helfer reicht dem Übenden eine Hand entgegen und sichert den Sprung bis zum Stand.

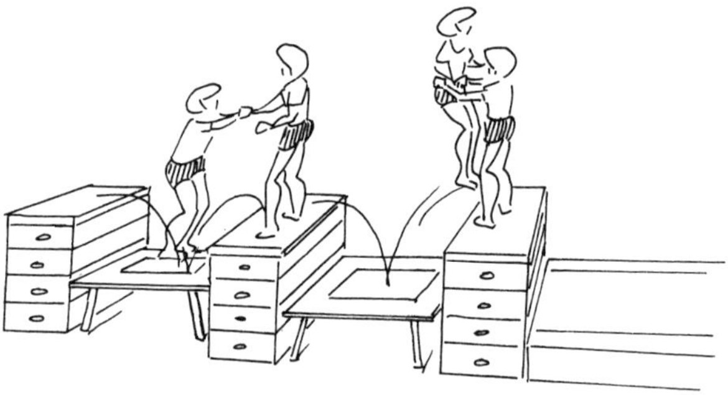

Je nach Gerätebestand kann die Anlage zu einer langen Sprungreihe ausgebaut werden. Die Springer überwinden die gesamte Anlage, oder sie führen immer nur einen einzelnen Sprung aus und tauschen dann die Aufgabe mit dem Helfer.

Jetzt geht es über die Kästen hinüber. Die Helfer stehen von Kasten zu

Kasten auf verschiedenen Seiten, so daß eine Hand des Übenden vom ersten gefaßt werden kann, während die zweite für den nächsten erreichbar ist. Bei Unregelmäßigkeiten sind "Notlandungen" auf den Inseln möglich.

Nach Erfahrungen mit zwei Anlagen, von denen wiederum zwei in einem großen Kreisdurchgang aufgebaut sind, stellen wir vier Anlagen zu einer langen Reihe zusammen.

Eine Variation ist das Paarspringen, bei dem zwei Helfer die Paare auf jedem Kasten empfangen. Auch diese Aufgabe kann zunächst mit und dann ohne Zwischenlandungen gelöst werden.

Längskästen zwischen den MTs erlauben kein Überspringen der Kästen, aber ein relativ problemloses "Landen". Bei dieser Anlage kann auf Helfer verzichtet werden.

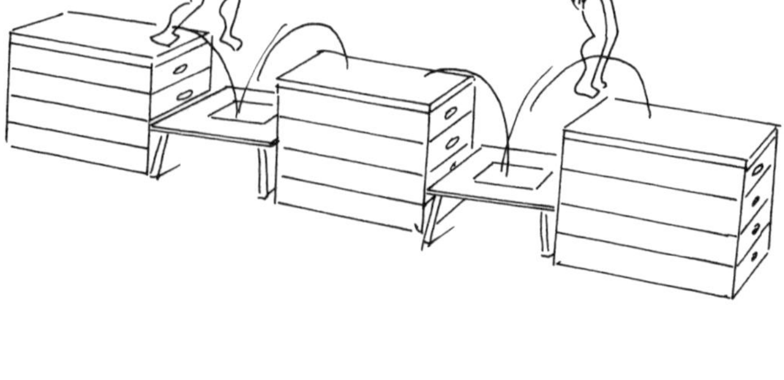

Wenn die Geräte im Kreis angeordnet sind, stehen die Kästen mal längs und mal quer, so daß die Größe der Landestelle sich von Sprung zu Sprung ändert. Bei entsprechender Abstimmung springen vier Übende gleichzeitig.

Nach diesen Voraussetzungen geht es ohne Helfer von Querkasten zu Querkasten.

Wenn viele Geräte zur Verfügung stehen, erweitern wir die Anlage Schritt um Schritt.

Auch paarweise ist das eine spannende Aufgabe.

Zwei MTs hintereinandergestellt verlangen einen Doppelsprung, bevor die Springer die nächste Insel erreichen.

Spannend wird es, wenn die Anzahl der MTs zwischen den Inseln zunimmt.

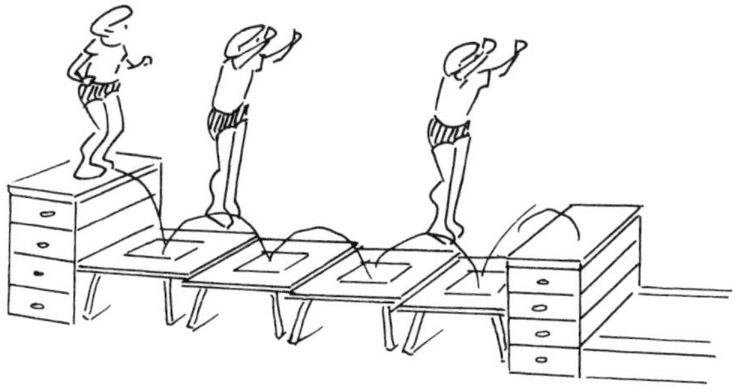

Paarweise muß die Abstimmung bei dieser Aufgabe ganz besonders gut sein. Die relativ geringe Einsprunghöhe erlaubt eine angemessene Kontrolle.

Mit zwischengestellten kleinen Kästen wird der Sprung von MT zu MT ein bißchen länger. Der kleine Kasten erlaubt jedoch auch eine Zwischenlandung bei zu wenig Vorwärtsbewegung und dient damit der Sicherheit.

3.4 Sprünge am "Doppel-MT"

Ein "Doppel-MT" entsteht dadurch, daß zwei leicht geneigte MTs an ihren niedrigen Seiten so zusammengestellt werden, daß eine zur Mitte hin zentrierte Anlage entsteht. Im Hin-und-Her von einem MT zum anderen gelingt es vor allem, ein feineres Gespür für das MT-Springen zu erarbeiten.

Zunächst unterstützt ein Helfer das "Wedelspringen". Er ergreift beide oder eine Hand des Übenden.

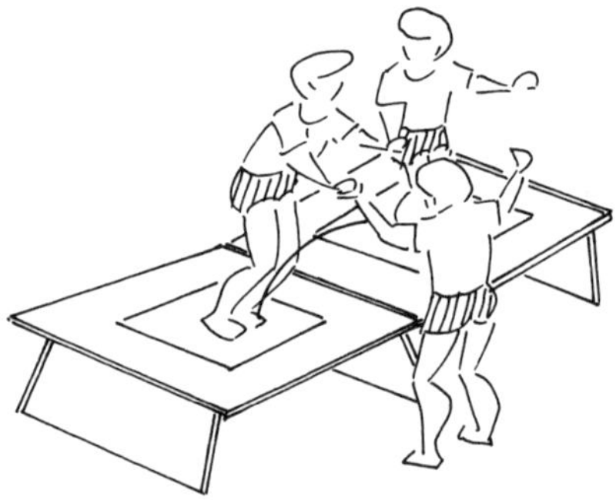

Der Helfer gibt nicht nur Orientierung, sondern der Übende kann sich auch an ihm festhalten. Ohne Helfer ist die Aufgabe deutlich schwieriger.

Blind ausgeführte "Wedelsprünge" sprechen vor allem das Bewegungsgefühl an. Die Springer üben mit verbundenen Augen und werden von Helfern geführt.

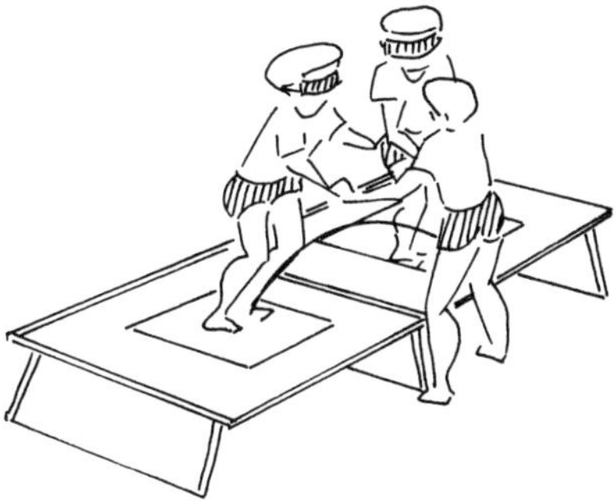

Vielfache Sprungvariationen bieten sich an: Hocksprünge, Grätschsprünge, Spreizsprünge usw. fordern das Gleichgewicht heraus.

"Wedelsprünge" mit halben Drehungen sind eine weitere Herausforderung der Bewegungssicherheit.

Hin und her geht es schließlich auch mit Strecksprüngen und halben Drehungen.

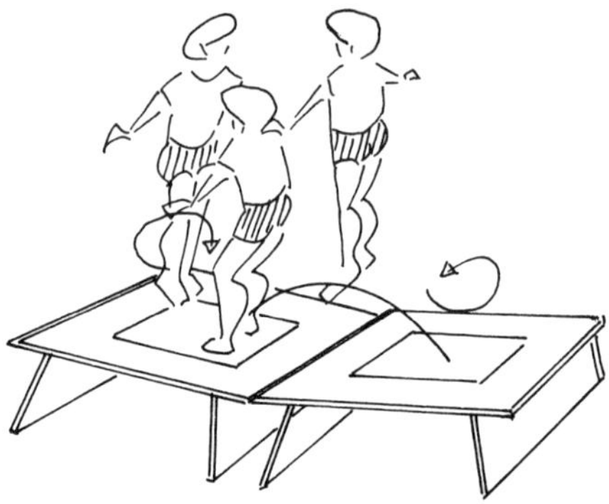

Ein kleiner Kasten streckt das "Doppel-MT" und fordert zu weiten Sprüngen heraus. Der höhengleiche kleine Kasten gewährt bei zu kürzen Sprüngen oder Unregelmäßigkeiten die notwendige Sicherheit.

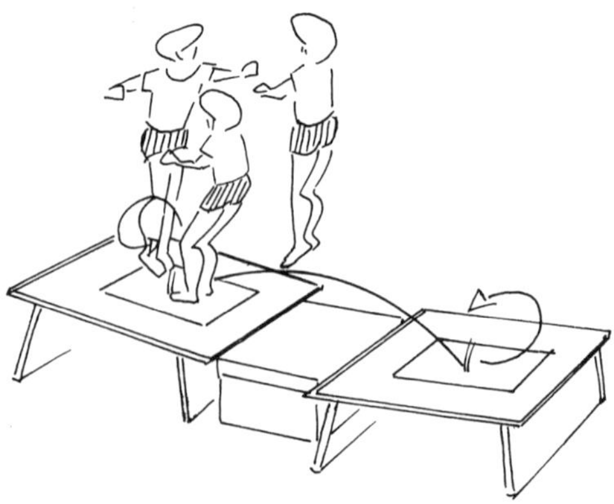

3.5 Freie Sprünge

Freie Sprünge sind das traditionelle Übungsgut des MT-Springens. Wer die Schleuderwirkung des MT richtig zu nutzen versteht, schafft hohe und weite Flüge durch die Luft, die stets mit besonderem Erlebnis verbunden sind. Ein kleiner Kasten vor dem MT sorgt zunächst für einen kontrollierten Einsprung (***ein Bein*** auf dem kleinen Kasten, ***beide Beine*** auf dem MT).

Ein Sprunghügel verkürzt die ersten Sprünge und macht sie dadurch sicherer.

Durch Anordnung der Geräte in einem großen Kreis entsteht beim Üben viel Bewegung.

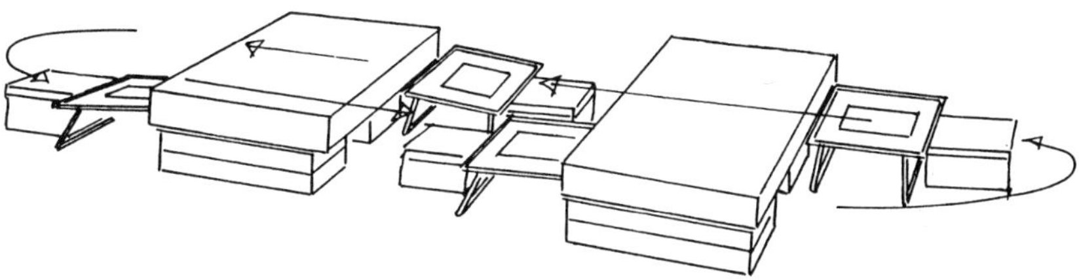

Die freien Sprünge beginnen wir dann mit dem *Strecksprung*. Um Höhe zu gewinnen, führen wir die Arme von hinten unten nach vorne oben und fixieren sie dort zur Stabilisierung des Sprunges.

Freier Sprung: Strecksprung

Einsprung mit langem Schritt
☞ *VON OBEN*

Beine
☞ *LEICHT GEÖFFNET*

Knie
☞ *FIXIERT*

Armzug nach
☞ *VORN OBEN*

in die
☞ *KÖRPERSTRECKUNG*

Beim *Hocksprung* werden die Beine im höchsten Punkt des Sprunges zur Brust hin angezogen. Dabei halten wir die Arme weiterhin vor-hoch.

Beim *Grätschsprung* greifen wir mit den Beinen und den Armen ganz weit zur Seite und machen uns ganz breit.

Schwierig ist es, beim *Grätschwinkelsprung* das Gleichgewicht zu halten. Besonders attraktiv wird der Sprung, wenn die Beine erst nach kurzer Verzögerung zum höchsten Punkt hin nach oben geführt werden.

Noch etwas schwieriger ist der *Bücksprung*, bei dem wir die gestreckten Beine geschlossen vor-hoch führen.

Auch leichte Sprünge bedürfen der Sicherung. Sie ist besonders dann erforderlich, wenn die Gefahr besteht, daß die Übenden das Gleichgewicht im Flug verlieren können. Ein Helfer sichert das Rückfallen, einer die Vorwärtsbewegung. Organisatorisch kann das so gehandhabt werden, daß jeder Springer einen Helfer austauscht.

Besonders orientieren muß sich der Springer bei einem Zielsprung. Geeignete Markierungen sind Fliesen oder Fahrradreifen.

Orientierung verlangt auch der Sprung "um die Ecke", bei dem Anlauf und Flug in verschiedene Richtungen erfolgen.

Auch bei diesem Sprung sind *Hocksprung, Grätschsprung, Grätschwinkelsprung und Bücksprung* interessante Sprungvarianten.

Abstimmung ist erforderlich, wenn zwei Springer aufeinanderzulaufen und den Flug dann nach einem Sprung "um die Ecke" gemeinsam gestalten. Auch dabei erproben wir alle Sprungvarianten.

Beim Einsprung von einer Erhöhung müssen wir die Beine stärker angespannen, um eine große Flughöhe zu erreichen.

Das gleiche gilt für alle Sprungvarianten, die natürlich auch an dieser Anlage möglich sind.

Auch der Sprung "um die Ecke" ist von einer Erhöhung eine interessante Variante.

Ein zwischen MT und Weichboden eingestellter Mattenbogen fordert zu einem präzisen Einsprung und einem hohen Aussprung heraus.

Nach ausreichenden Erfahrungen mit dem kleinen Kasten als Einsprunghilfe erfolgt der Einsprung jetzt direkt ins MT.

Das gleiche gilt für den Sprung "um die Ecke" einschließlich aller Sprungvarianten.

Um den Absprung besonders zu betonen, dient ein kleiner Kasten vor dem MT entgegen der bisherigen Verwendung jetzt der Verlängerung des Einsprungs.

Ein großer Kasten zwischen dem MT und dem Weichboden erfordert einen hohen Aussprung.

Eine allmähliche Erhöhung der Kastens sorgt für eine wachsende Herausforderung.

Kleiner Sprunghügel

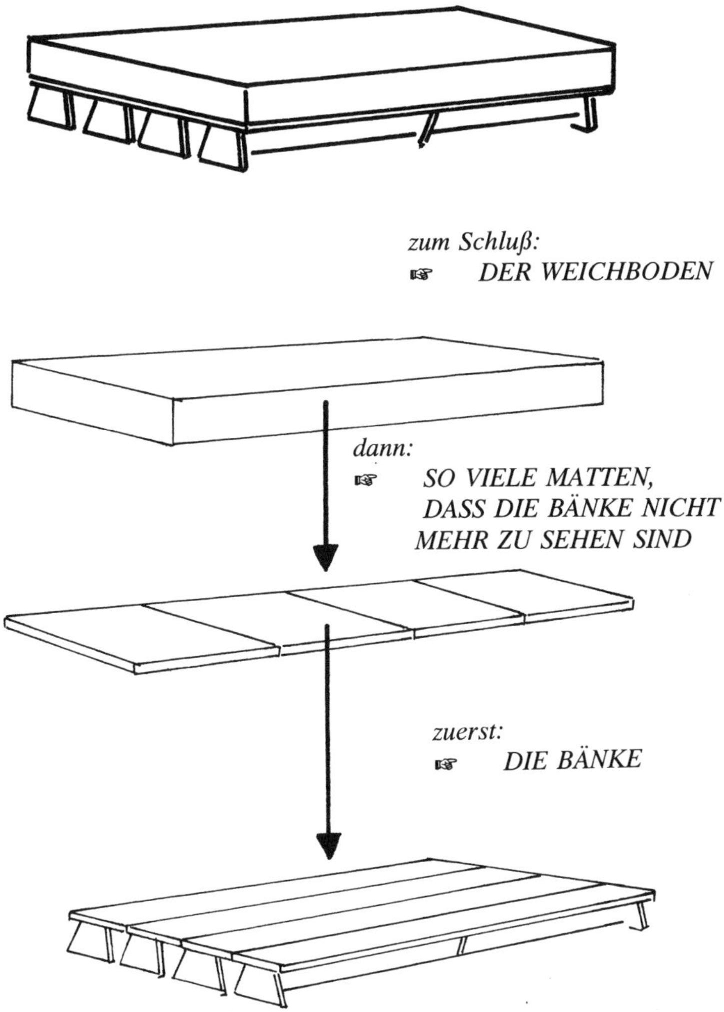

Ähnliche Herausforderungen stellt der große Kastenberg, der mit einem aufgelegten Weichboden ein weiches Landefeld bietet.

Auch bei dieser Aufgabe steigern Erhöhungen die Herausforderung.

3.6 Mehrfachsprünge

Die Voraussetzungen für Mehrfachsprünge, bei denen mehrere MTs hintereinander gereiht werden, sind bei den "Sprüngen mit Begleitung" gelegt worden. Die freie Gestaltung ohne begleitende Helfer verlangt einen ganz konzentrierten Sprungeinsatz, bei dem die Sprunggenauigkeit wichtiger ist als die Höhe der Sprünge.

Wir beginnen mit dem Doppelsprung, bei dem wir zwei Trampoline hintereinander aufstellen.

Besondere Anforderungen stellt der Doppelsprung in Verbindung mit Hocksprung, Grätschsprung, Grätschwinkelsprung oder Bücksprung.

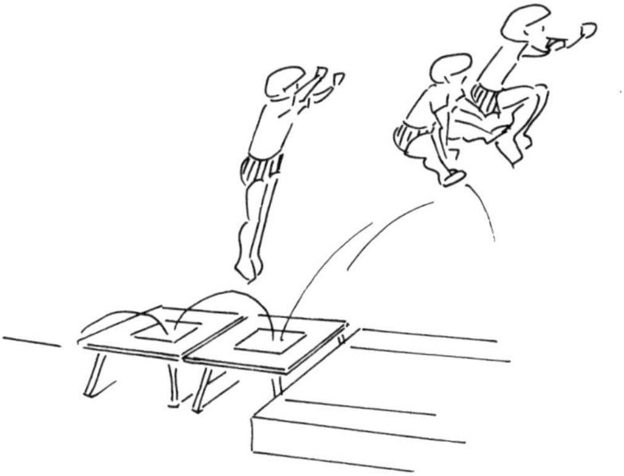

Ein kleiner Kasten zwischen den MTs sorgt für eine Verlängerung des ersten Sprunges, er ist bei Unregelmäßigkeiten aber auch eine gute Landefläche.

Ein großer Kasten hinter den MTs verlangt einen besonders hohen Aus-
sprung.

Ein erhöhter Kasten zwischen den MTs zwingt zur Betonung des ersten Sprunges. Erschwerend kommt hinzu, daß der Übende das zweite MT nicht mehr vollständig einsehen kann.

Ein eingestellter Mattenbogen verstärkt die Sichtblende noch.

Zwei hohe Hindernisse steigern die Schwierigkeit der Aufgabe noch einmal.

Auch bei dieser Aufgabe können als Alternative Mattenbögen eingestellt werden.

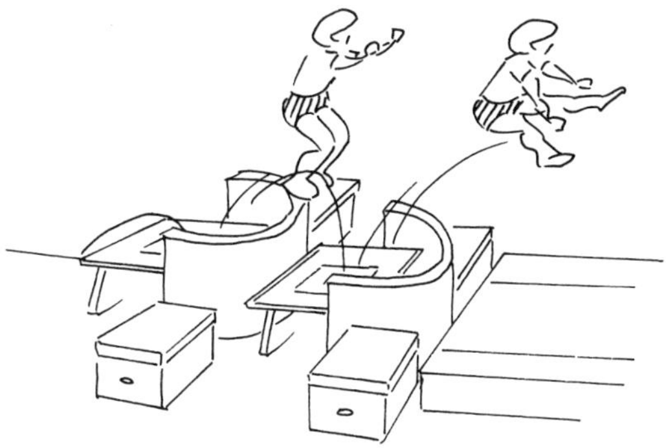

Eine interessante Variante ist der Sprung "um die Ecke" als Doppelsprung.

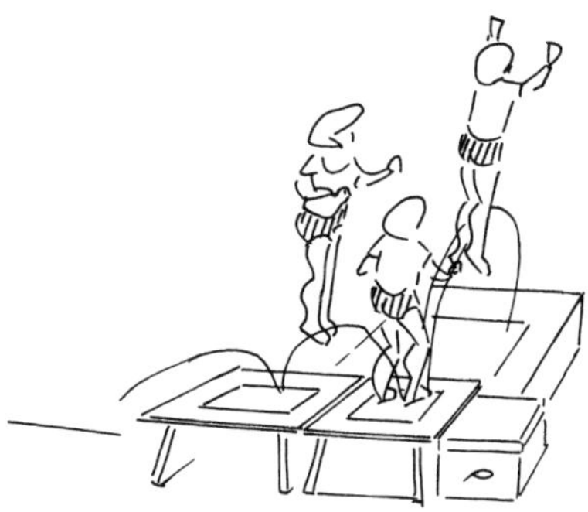

Beim Einsprung von einer Erhöhung ist auch eine besondere Konzentration auf den ersten Sprung erforderlich.

Ein zwischen die MTs gestellter kleiner Kasten verlängert den ersten Sprung.

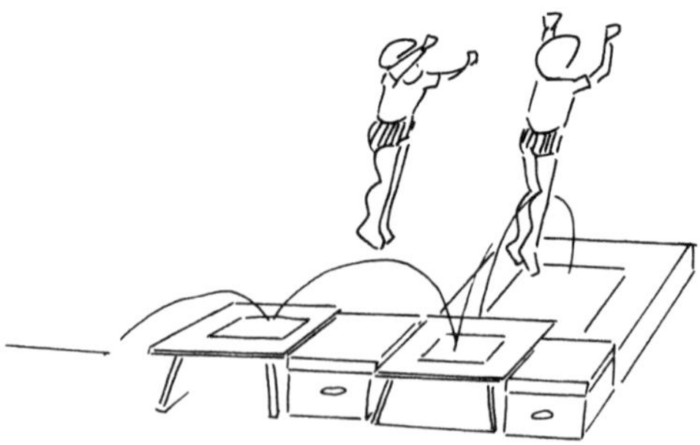

Große Hindernisse zwischen den MTs und am Ende der Anlage sorgen dann für besondere Herausforderungen.

Hindernisse, die besonders präzise Sprünge verlangen, weil auf ihnen keine Zwischenlandungen mehr möglich sind, bieten die aus Bodenmatten gebildeten Mattenbögen.

Hoch hinauf geht es mit dem zweiten Sprung auf einen Kastenhügel, auf dem ein Weichboden für eine weiche Landefläche sorgt.

Mit einem gleichen hohen Sprung kann auch der Sprung "um die Ecke" abgeschlossen werden.

Der Dreifachsprung setzt die Sprungreihe fort. Die Geräte stehen zunächst eng hintereinander, so daß kurze, konzentrierte Sprünge notwendig sind.

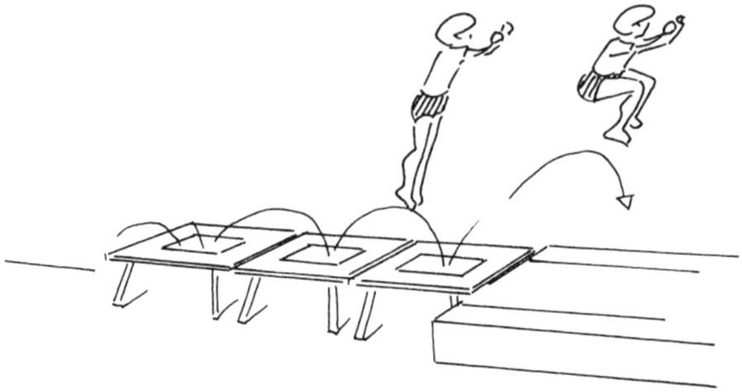

Zwischengestellte kleine Kästen führen zu raumgreifenderen Sprüngen. Auf den kleinen Kästen sind jederzeit Zwischenlandungen möglich.

Mit den Erhöhungen der kleinen Kästen beginnen wir wieder am Ende der Sprungreihe, bis die ganze Sprunganlage Schritt für Schritt mit Hindernissen ausgebaut ist.

Am Ende der Mehrfachsprünge steht der Vierfachsprung. Auch hier stehen die MTs zunächst dicht hintereinander.

Mit zwischengestellten kleinen Kästen sind größere Sprünge notwendig, um ohne Fehler den Weichboden zu erreichen.

Am Ende steht auch hier die Sprungfolge über Hindernisse, die mit kleinen Doppelkästen Schritt für Schritt von hinten nach vorne eingebaut werden.

3.7 Gruppensprünge

Die Gruppensprünge erfolgen mit Handfassung paarweise zu dritt oder auch zu viert. Kleine Kästen vor den MTs erleichtern die Abstimmung beim Einsprung.

Beim Sprung in der Vierergruppe stehen vier Geräte nebeneinander. Die Abstimmung für einen gleichzeitigen Einsprung erfolgt über kleine Kästen vor den MTs.

Interessante Varianten sind variable Aussprünge. Diese sind in verschiedenen Gruppengrößen möglich.

Ein Hindernis zwischen den MTs und dem Weichboden erzwingt einen hohen Sprung.

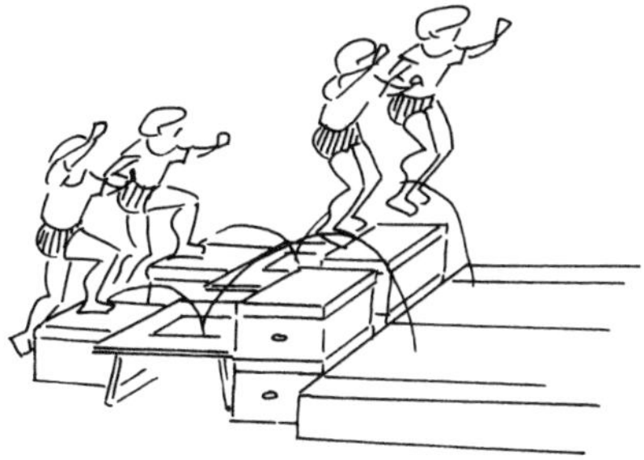

Wir erweitern die Anlage zum Doppelsprung, der alle vier Geräte erfordert.

Ein hoher Aussprung am Ende verlangt eine gute Abstimmung zwischen den beiden Springern.

Hindernisse zwischen den MTs verdecken die Sicht für den Einsprung ins zweite Gerät.

Ein großer Kasten am Ende steigert noch einmal die Schwierigkeit.

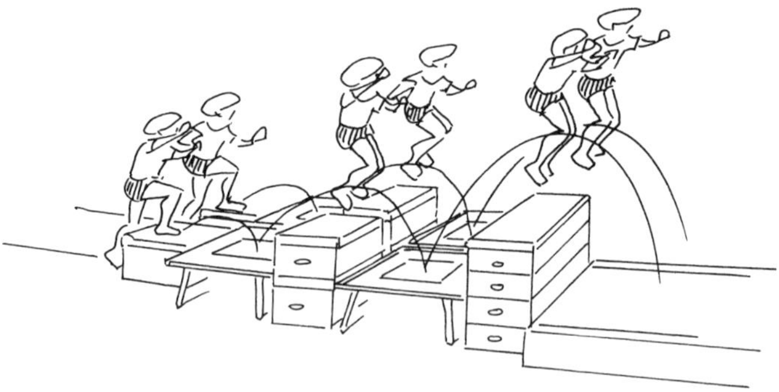

Jetzt "verabschieden" sich die Partner beim Einsprung ins erste MT und führen den Sprung mit einem Sprung "um die Ecke" zu verschiedenen Seiten zu Ende.

Auch bei dieser Variante führen eingestellte Hindernisse zu Erschwerungen.

Die Organisation des Übens sollte immer so vorgenommen werden, daß große Bewegungswege entstehen.

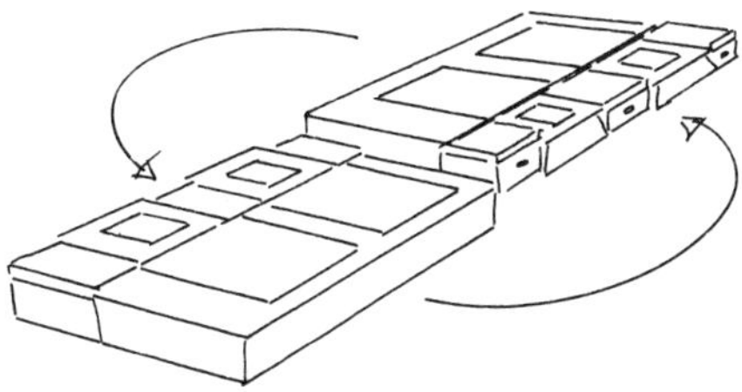

Stationäres Üben und Üben in zwei Kreisen (innen und außen)

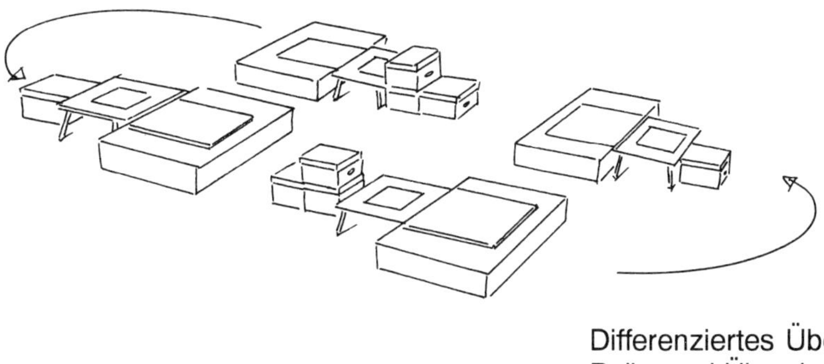

Differenziertes Üben in Reihe und Üben im großen Kreisdurchgang

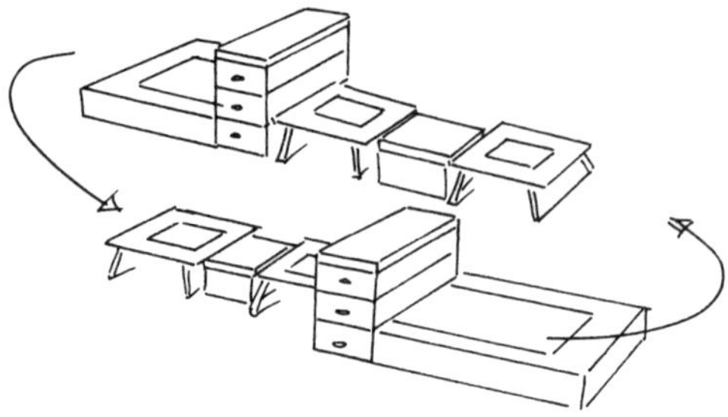

Stationäres Üben und Üben im Kreisdurchgang

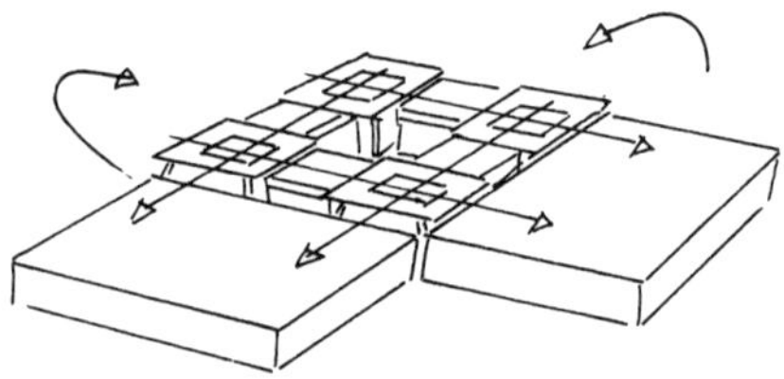

Üben überkreuz

3.8 Das MT als Absprungtrampolin
3.8.1 Hockwende

Die Hockwende ist die einfachste Fertigkeit, bei der das MT als Absprungtrampolin zum Einsatz kommt. Wir beginnen den Sprung aus dem Federn. Wenn eine Hilfestellung gegeben werden muß, dann erfolgt sie mit Klammergriff am Oberarm. Der Helfer steht hinter dem Kasten und gibt die eine Seite für den Beinschwung des Übenden frei. Wer nicht genug Schwung mitbekommt, kann mit beiden Füßen auf dem Kasten landen.

Aus kurzem Anlauf erfolgt ein kontrollierter Sprung über den gleichen quergestellten Kasten. Eine Erhöhung des Kastens verlangt einen kräftigen Absprung.

Mit Kästen und Matten kann ein großer Hügel gebaut werden, der einen weiten Flug erfordert.

Jede Erhöhung mit Kastenteilen und auch mit Matten stellt eine neue Herausforderung.

Sprunghügel

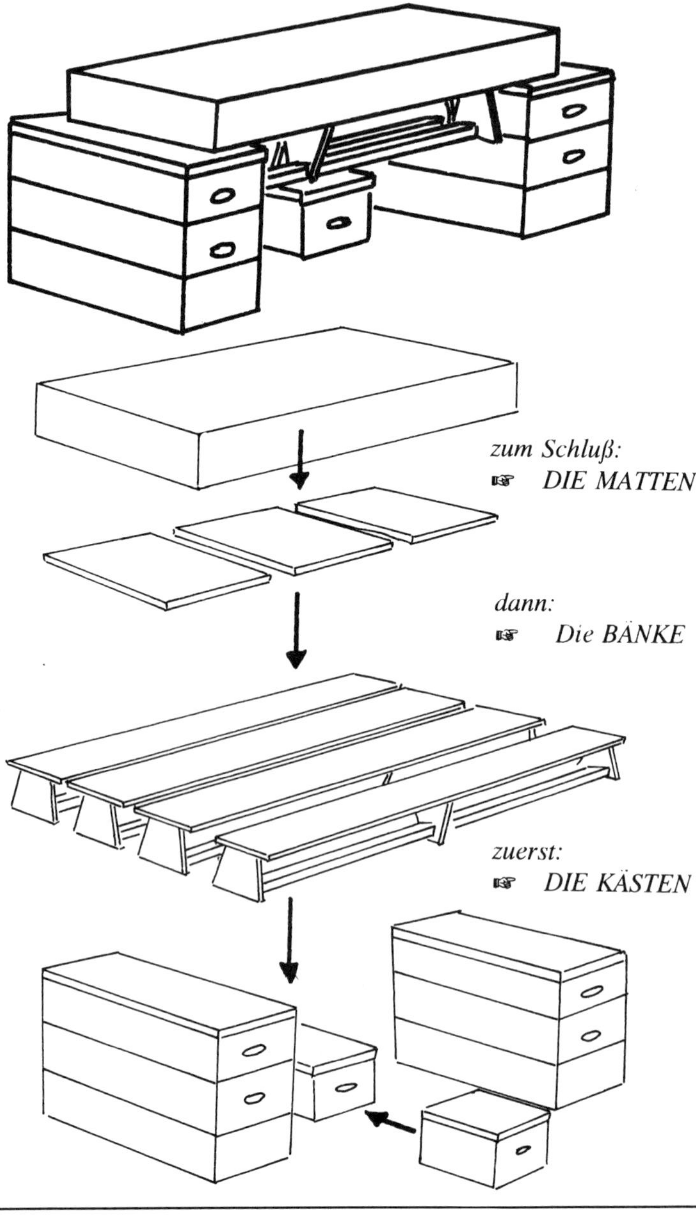

Die Hockwende bietet auch die Möglichkeit, einen großen, weiten Sprunghügel zu überwinden. Wer es noch nicht schafft, kann auf der weichen Fläche "zwischenlanden". Die Matte auf dem Weichboden sorgt für entsprechende Festigkeit.

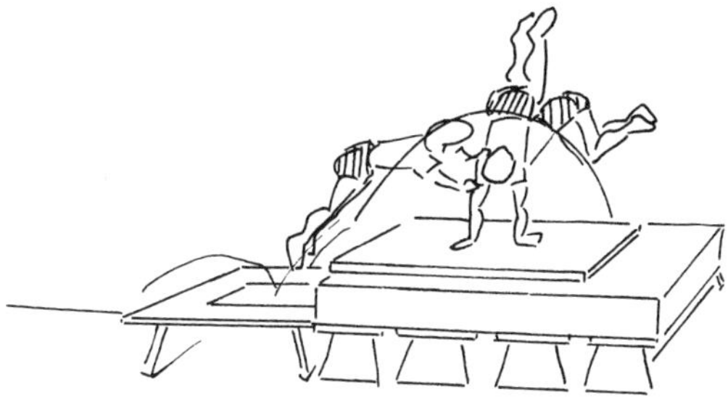

Ziel ist es aber, ganz hinüber zu springen. Wie der Weichboden auf dem Sprunghügel so wird auch der Landebereich hinter dem Sprunghügel noch mit einer Bodenmatte gesichert.

Der große Sprunghügel erfordert weite Flüge, wenn er mit einer Hockwende überwunden werden soll. Wer es nicht schafft, ist auf der weichen Oberfläche gut aufgehoben.

Hockwende

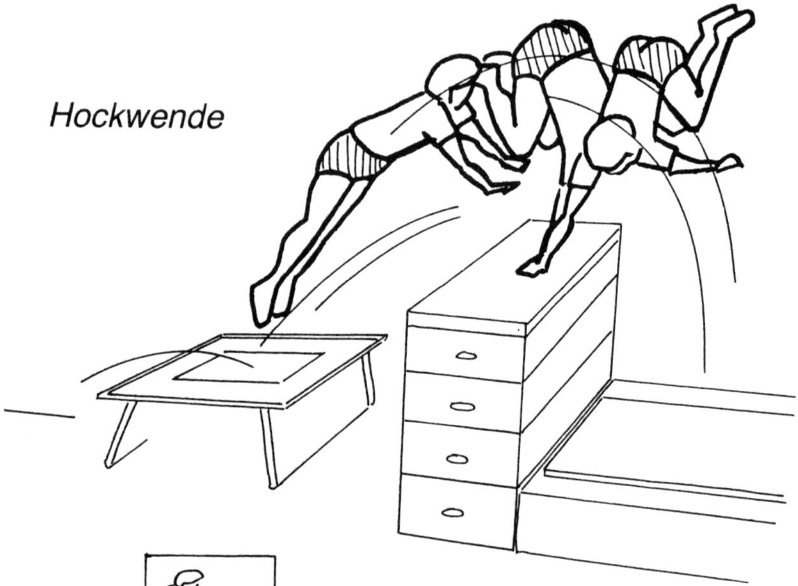

Absprung
☞ PAUSE
Stützen

☞ NACH VORNE
greifen

über den Stützarm
☞ DREHEN

In Verbindung mit den bisher kennengelernten Sprunggestaltungen eröffnen sich eine Vielzahl von Kombinationen, bei denen die Hockwende den Abschluß bildet. Bei den Sprüngen mit Begleitung wird die Handfassung vor dem abschließenden Sprung gelöst.

Erschwerungen in der Sprungreihe bedeuten auch Erschwerungen für den abschließenden Sprung über den Kasten.

In gleicher Weise kann auch der Doppelsprung "um die Ecke" abgeschlossen werden.

Mit vier MTs und zwei Kästen läßt sich die Anlage so gestalten, daß die Übenden abwechselnd nach links und nach rechts springen.

Mit einem großen Hindernis hinter dem letzten MT wird der Doppelsprung mit einer Hockwende abgeschlossen.

Auch hier fordern eingestellte Hindernisse die besondere Konzentration des Springers heraus.

Auch mit drei oder sogar vier Trampolinen in einer Reihe ist die Hockwende ein interessanter Abschluß.

Besonders schwierig wird die Aufgabe, wenn ein weiter Weg über Hindernisse zurückgelegt werden muß.

Beim parallel zum Kasten stehenden MT erfolgt die Hockwende im Anschluß an den Sprung "um die Ecke".

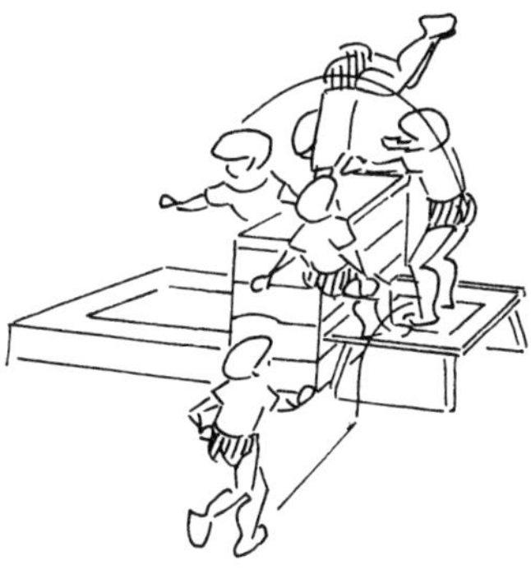

Wir gestalten die Sprünge "um die Ecke" mit abschließender Hockwende in einem großen Aufbau mit vier MTs und zwei Kästen.

Eine interessante Variante bieten die Gruppensprünge, bei denen die abschließende Hockwende synchron zur selben Seite ausgeführt wird.

3.8.2 Flugrolle

Mit der Flugrolle werden wichtige Bewegungserfahrungen gesammelt. Sie sind u.a. entscheidend für die spätere Erarbeitung des besonders attraktiven Saltos. Aus Sicherheitsgründen ist bei allen Übungsangeboten darauf zu achten, daß das Aufsprungniveau höher oder höchstens gleich hoch ist wie das Absprungniveau. Geeignete Landefläche ist der Weichboden, der durch Auflegen von Bodenmatten eine eher flächenelastische Beschaffenheit erhält.

Die ersten Rollerfahrungen werden aus mehrfachem Federn gemacht. Aus festem Stütz rollt der Übende auf den Mattenberg.

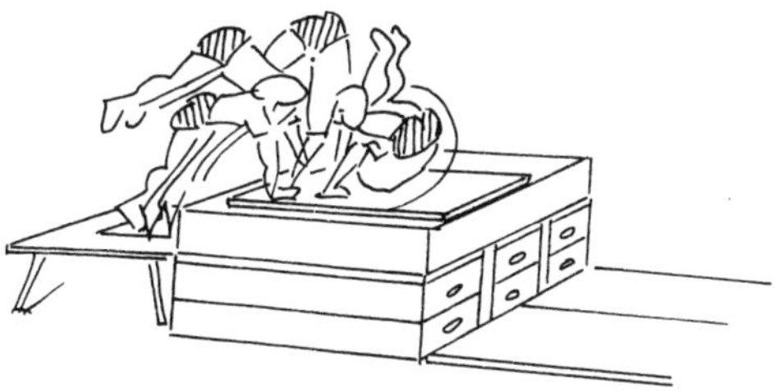

Der erhöhte Mattenberg bietet eine sichere Landefläche für die Flugrolle aus kurzem, kontrolliertem Anlauf.

Bei abgesenktem Mattenberg (das Aufsprungniveau sollte nicht tiefer sein als das Absprungniveau) ist der Flug länger und das auf die Arme wirkende Gewicht größer.

"Sprünge mit Begleitung" erhalten durch die Flugrolle einen interessanten Abschluß.

Beim Sprung "um die Ecke" mit Begleitung wird die Handfassung beim Einsprung ins Absprungtrampolin gelöst.

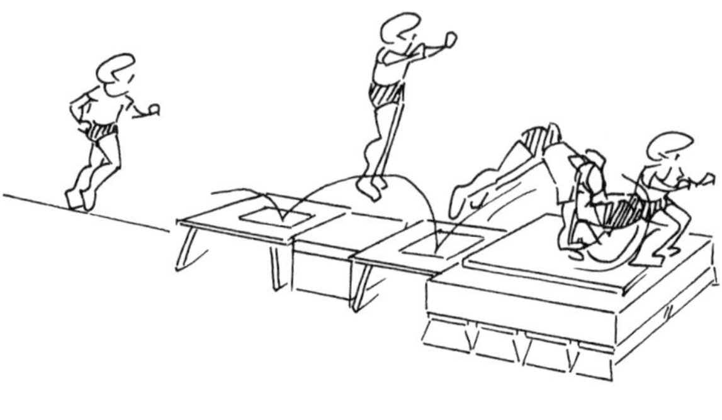

Flugrolle

☞ BLICK
zur Landestelle

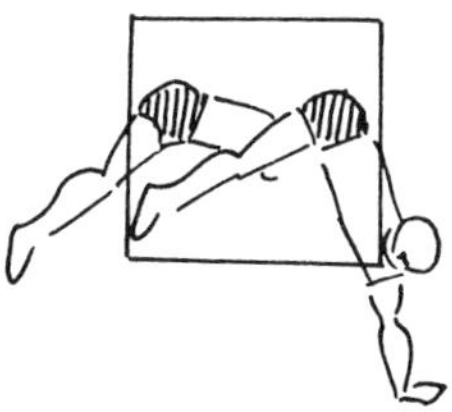

☞ ABSTÜTZEN

☞ ABSENKEN

und

☞ EINROLLEN

Auch der Doppelsprung erhält mit der Flugrolle einen attraktiven Abschluß.

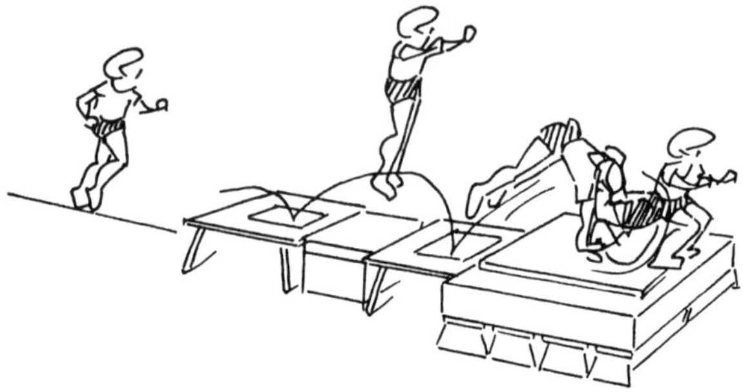

Eingestellte Hindernisse sind Aufforderung für höhere Flüge. Sie sollten aber niemals zu maximalen Herausforderungen gesteigert werden, weil dann die Sicherheit nicht mehr gewährleistet ist.

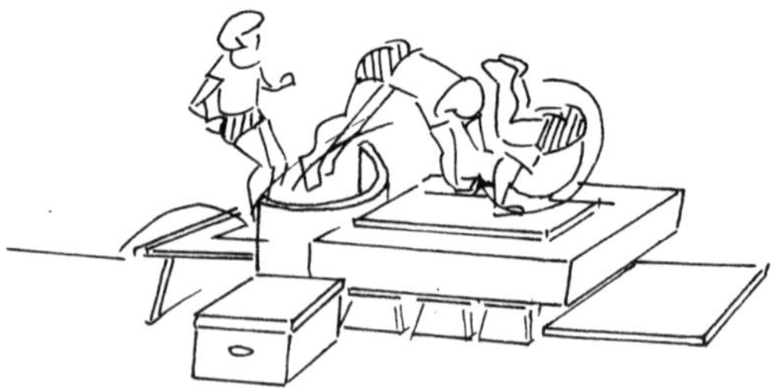

Kleine Kästen am Ende eines Doppelsprunges haben einen angemessenen Auforderungscharakter.

Hindernisse auf dem Wege zur abschließenden Flugrolle verlangen einen konzentrierten Sprungeinsatz.

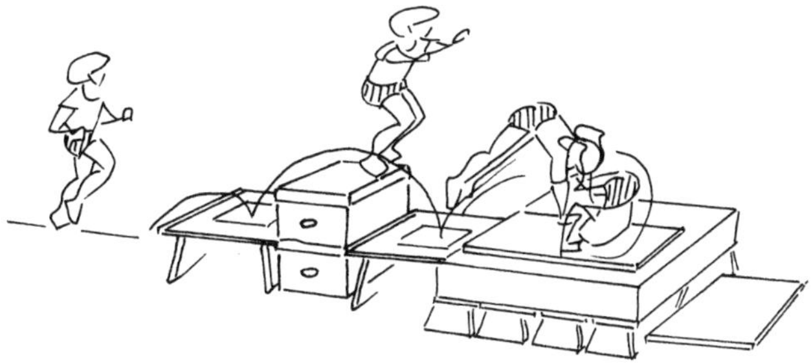

Noch mehr Aufmerksamkeit verlangt die Sprunganlage, wenn hinter jedem MT ein Hindernis steht.

Das gleiche gilt für die Flugrolle aus dem Doppelsprung "um die Ecke".

Jetzt werden alle MTs hintereinander vor den Mattenhügel gestellt und der Vierfachsprung mit der Flugrolle abgeschlossen.

Bei Gruppensprüngen ist eine besondere Abstimmung erforderlich, damit sie von beiden Übenden gleichzeitig mit der Flugrolle zu Ende gebracht werden.

3.8.3 Salto vorwärts

Der Salto ist eine der Attraktionen des MT-Springens. Die ungewohnte Bewegungsausführung verlangt eine angemessene Orientierung beim Flug durch die Luft. Diese muß zunächst erworben werden, um das Risiko unkontrollierter Sprünge zu vermeiden. Hilfe leisten große Gerätehügel. Sie dienen zunächst als Rollfläche und später als Orientierung für ein flüchtiges Überrollen. Verschiedenste Aufbauten erhalten die Motivation in dieser wichtigen Phase. Eine weitere wichtige Funktion für die Sicherheit der Bewegungsausführungen haben Helfer, die die Übenden mit festen Klammerdrehgriffen bis in den sicheren Stand führen.

Voraussetzung für den Salto vorwärts ist die Rolle vorwärts. Am Anfang steht deshalb die *Sprungrolle* aus dem Federn auf einen Kastenhügel.

Aus dem kurzen, kontrollierten Anlauf wird die *Sprungrolle* auf dem längs stehenden Kastenhügel vollständig zu Ende geführt. Das gelingt nur, wenn die Übenden sich klein einrollen.

Die Erhöhung des Kastenhügels fordert einen nach oben gerichteten Absprung heraus, wie er für den Salto besonders wichtig ist.

Jede Variation aus dem bekannten Sprungprogramm verbessert die Erfahrung mit der Rolle und damit die Voraussetzungen für den späteren Salto vorwärts.

Am quergestellten Kastenhügel kann die Rolle nicht mehr in den Stand führen. Sie endet im Sitz oder nach Abrollen über den Rücken im Stand hinter dem Gerät. Der Aufbau eignet sich besonders gut, um die Hilfestellung einzuführen, die zwei Heilfer mit Klammerdrehgriff übernehmen.

Auch "Sprünge mit Begleitung" können mit einer Sprungrolle abgeschlossen werden.

Salto vorwärts

☞ ARMZUG
von hinten nach vorn-oben

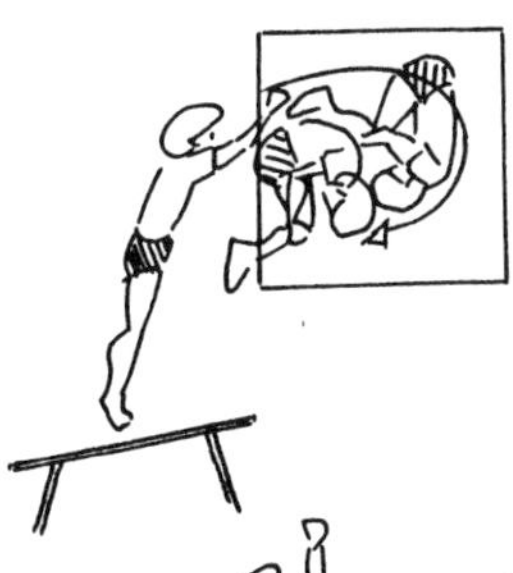

Kopf auf die Brust
☞ EINROLLEN

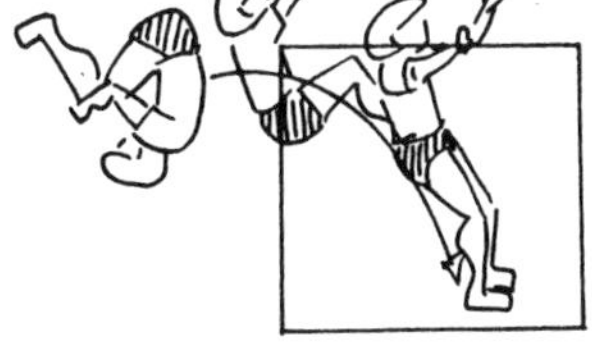

☞ AUFSTRECKEN
zur Landung

Hilfestellung:
Salto vorwärts

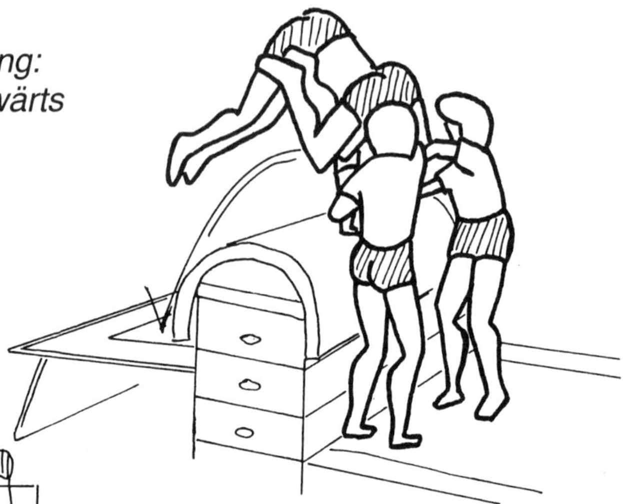

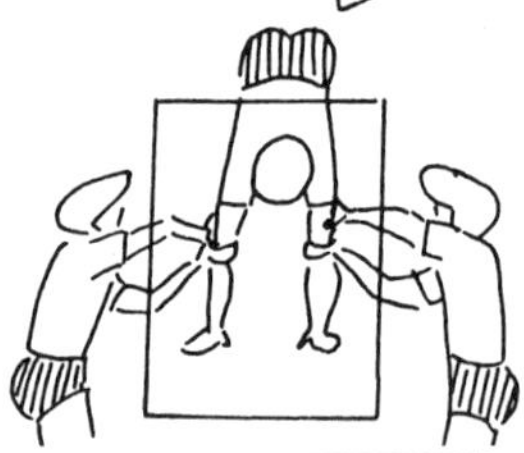

Zwei Helfer

mit

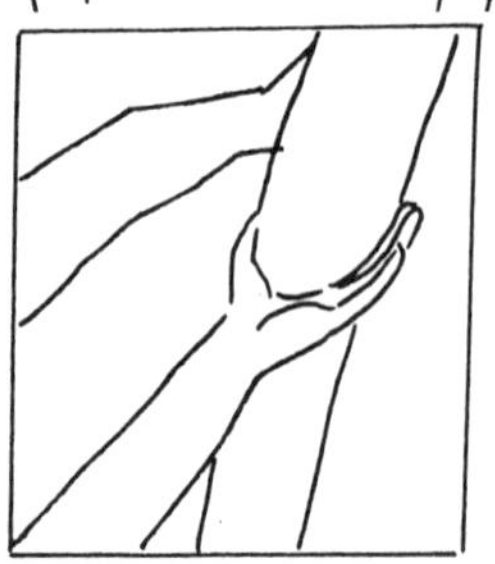

☞ KLAMMERGRIFF
am Oberarm

☞ FESTHALTEN
bis zum Stand

Das gilt auch für viele Mehrfachsprünge, die mit einer Sprungrolle am Ende einen interessanten Abschluß finden.

Eine Erhöhung des Geräts fordert den für den Salto notwendigen besonderen Absprung heraus. Erhöhungen erreichen wir mit zusätzlichen Kastenteilen oder auch ganz allmählich durch Auflegen weiterer Matten.

Der weitere Weg hin zum freien Salto läuft über die flüchtige Rolle. Um diese ungefährlich ausführen zu können, ist auch ein Gerätehügel notwendig, er muß jedoch schmaler sein als der bisher verwendete, damit der Flug zwar abgesichert wird, die Landung aber ohne Hindernisse erfolgen kann. Für den Bau schmaler Gerätehügel gibt es verschiedene Möglichkeiten, von denen drei vorgestellt werden sollen.

1. Der Kastenhügel

Der schmale Kastenhügel geht direkt aus dem bisher verwendeten Aufbau hervor. Da es nicht möglich ist, über den breiten Kastenhügel eine flüchtige Sprungrolle auszuführen, wird ein Kasten herausgenommen. Eine oder auch mehrere übergelegte Matten sorgen für ein "weiches Gesicht" des Aufbaus.

Die Rolle führt der Übende immer flüchtiger und schließlich ganz frei aus. Der hohe Kasten gibt eine gute Orientierung für die notwendige Sprunghöhe.

Hilfestellung geben zwei Helfer mit Klammergriff an den Oberarmen der Übenden. Sie begleiten die Übenden bis zum sicheren Stand.

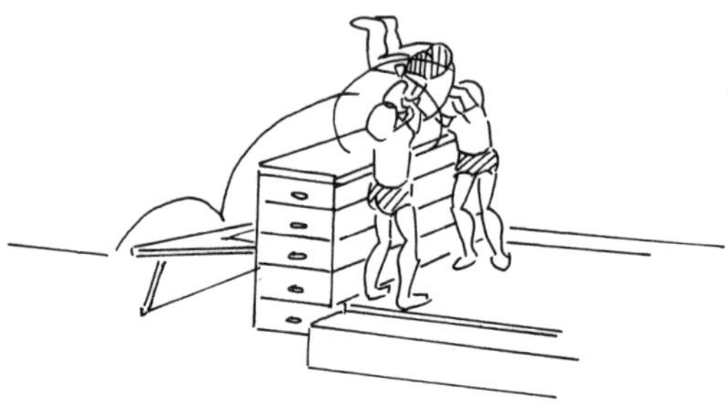

Auch aus dem Doppelsprung kann man so von der flüchtigen Rolle bis zum freien Salto gelangen.

Noch anspruchsvoller wird es, wenn der Weg bis zum Absprung zum Salto mit Schwierigkeiten gespickt wird.

2. Bank-Kasten-Aufbau

Beim Bank-Kasten-Aufbau hängen wir Bänke in Kästen ein und sichern in der Mitte je nach Höhe mit kleinen Kästen oder Matten. Mit vier Bänken entsteht so zunächst ein breiter Sprunghügel für die Sprungrolle.

Natürlich sind auch bei diesem Aufbau alle schon bekannten Sprungvariationen möglich, mit denen die Übenden ausreichende Rollerfahrungen sammeln.

Der breite Aufbau gestattet vor allem auch die interessanten Gruppensprünge.

Eine Bank weniger ermöglicht die flüchtige Rolle.

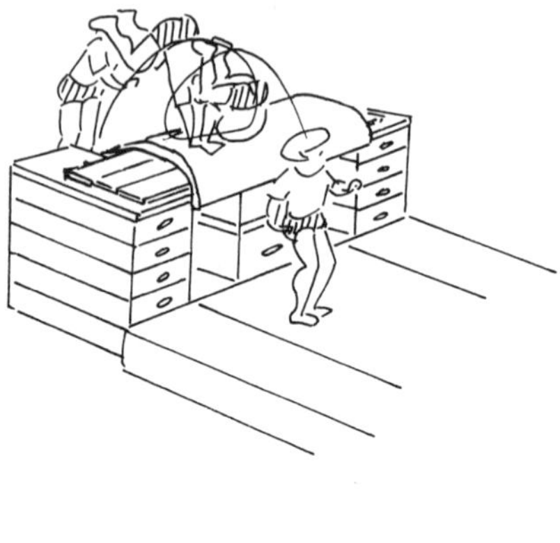

Der Gruppensprung mit einer nur flüchtigen Rolle ist eine attraktive Aufgabe.

Das gleiche gilt für den Doppelsprung, bei dem die Übenden ihre Handfassung erst beim Absprung zur abschließenden Sprungrolle lösen.

Ein nur ganz schmaler Steg bleibt übrig, wenn noch eine weitere Bank herausgenommen wird.

3. Der "blaue Elefant"

Eine Anlage mit besonderem Aufforderungscharakter entsteht, wenn weiche Weichböden, die ihren Dienst als Niedersprungmatten nicht mehr erfüllen, bogenförmig über einen Kasten gebunden werden. Es entsteht der "blaue Elefant", der die Übenden so manche Angst vergessen läßt. Die dicke blaue Oberfläche ist eine Einladung für erste Versuche mit der Sprungrolle.

Von der flüchtigen Rolle bis zum freien Salto ist der Weg bei diesem Aufbau nicht weit.

Die Sprunggestaltungen vor dem Absprung sind variabel veränderbar.

Mit eingestellten Hindernissen ist die Aufgabe noch ein wenig anspruchsvoller.

Ein ganz anderes methodisches Vorgehen eröffnet der *weiche Mattenberg*. Zweiteilige Kästen und Bänke bieten dafür eine gute Grundlage. Eine aufgelegte Matte gestaltet die Landefläche einigermaßen flächenelastisch. Wir beginnen die methodische Reihe mit der Sprungrolle aus dem Federn.

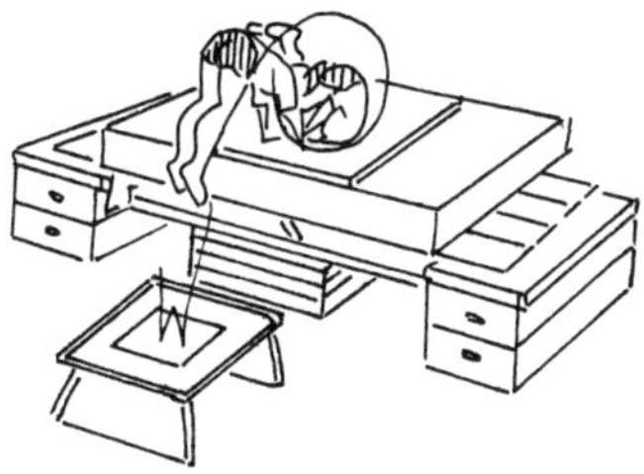

Aus kurzem, kontrolliertem Anlauf erfolgt die Rolle bis in den Stand. Dabei müssen die Beine in den Knien leicht geöffnet werden, um ein Knie-Aufschlagen des Kopfes zu verhindern.

Mit variabler "Anlaufgestaltung" sammeln die Übenden weitere Bewegungserfahrungen.

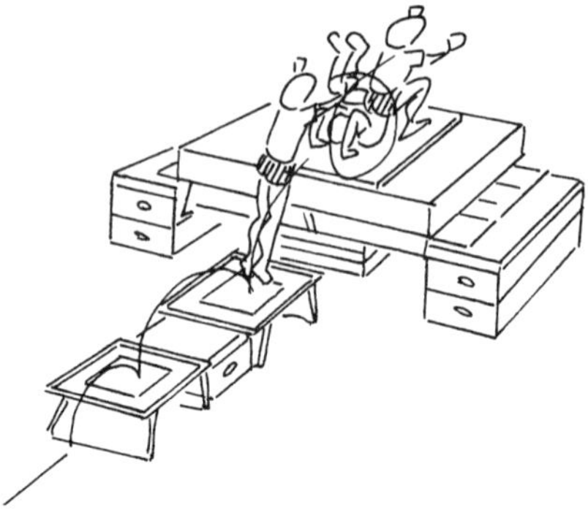

Am Schluß steht der Salto als freie Rolle in den Stand. Wegen möglicher Stauchungen ist auch hier der Hinweis auf die geöffneten Knie wichtig.

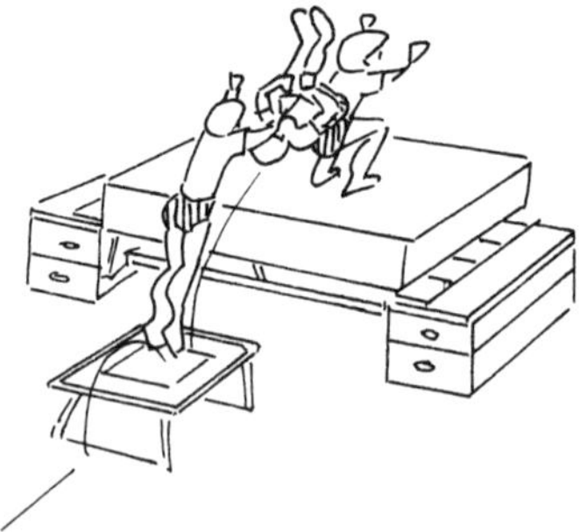

Schließlich sorgt eine kleine Erhöhung des Aufsprungberges für eine Erschwerung der Aufgabe.

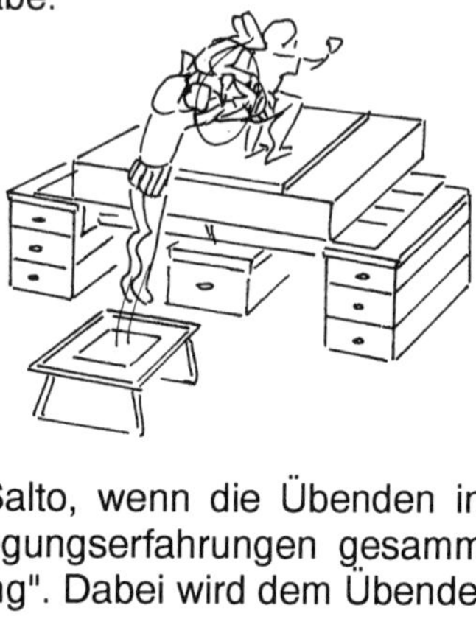

Gut gesichert ist der Salto, wenn die Übenden in anderen Aufbauten schon genügend Bewegungserfahrungen gesammelt haben, auch bei "Sprüngen mit Begleitung". Dabei wird dem Übenden schon beim Anlauf

Salto vorwärts mit Begleitung

Begleiter
☞ AUF GLEICHER HÖHE
mit dem Übenden

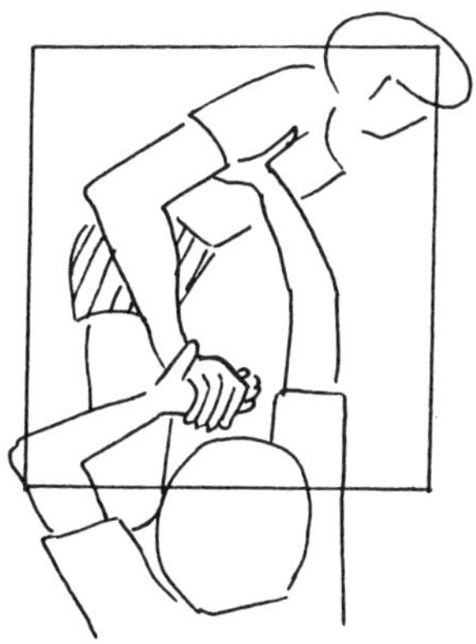

So erfaßt Du den Übenden

die begleitende Hand gereicht. Beim Eindrehen nach dem Absprung greift der Helfer dann mit der anderen Hand von unten an den Oberarm des Übenden und gibt so Drehhilfe.

Auch diese Ausführung des Saltos können wir in vielfältiger Weise gestalten.

Am Ende steht der freie Salto ohne Gerätehilfe. Eine angemessene Sprunghöhe zu erreichen (bisher durch die Höhe der Sprunghügel zwingend gegeben), sollte nach diesen Vorerfahrungen keine Schwierigkeiten mehr machen.

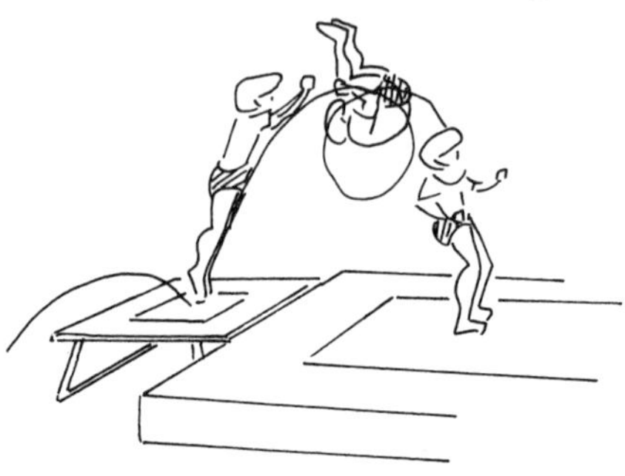

Die Organisation des Übens läßt sich so gestalten, daß trotz der Verwendung großer Geräteaufbauten und der Notwendigkeit, den Überblick über das Unterrichtsgeschehen zu behalten, um korrigierend einzugreifen zu können, große Bewegungswege entstehen.

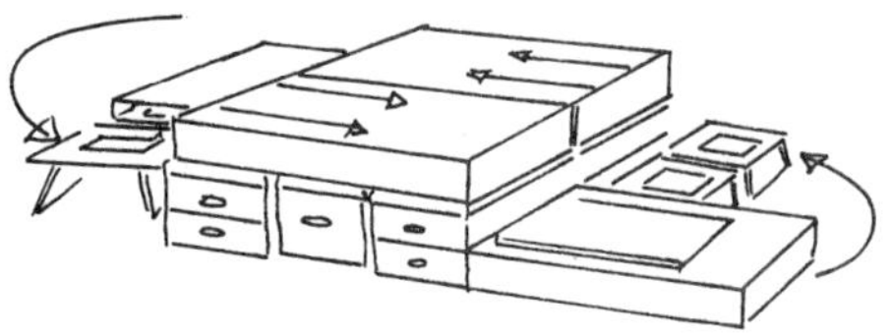

Stationäres Üben und Üben im Kreisdurchgang

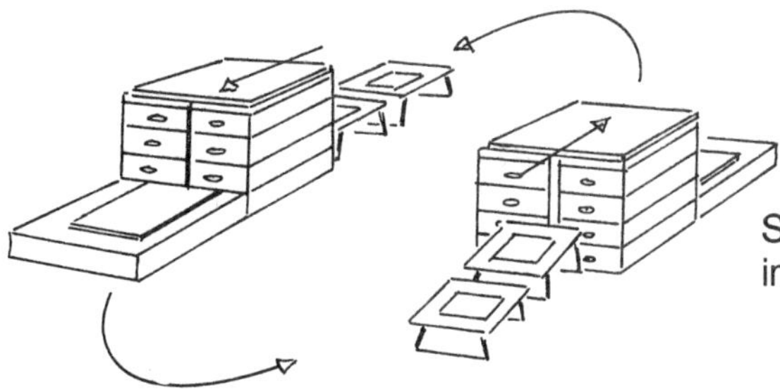

Stationäres Üben und Üben im Kreisdurchgang

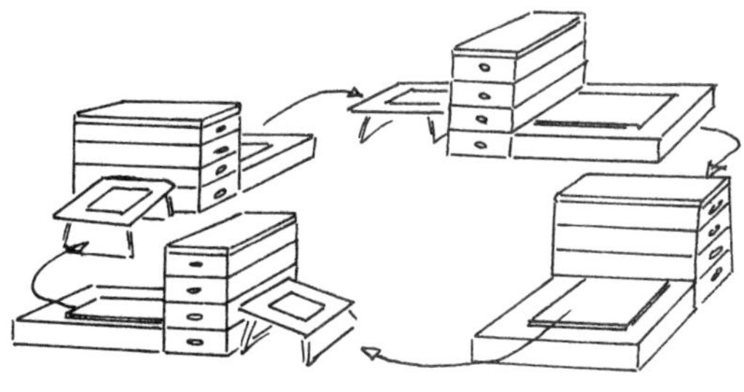

Üben im großen Kreis

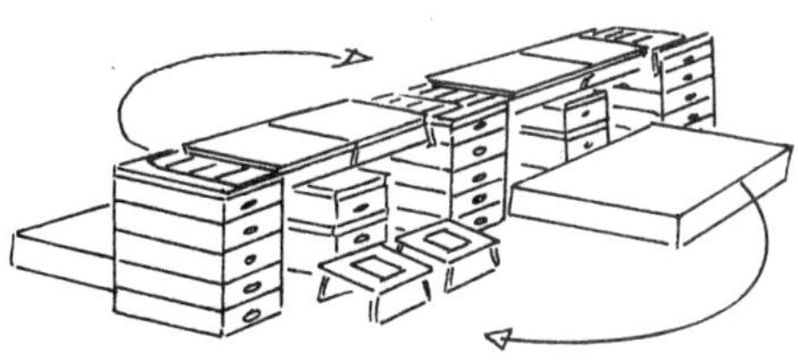

Stationäres Üben und Üben in zwei Kreisen (außen und innen

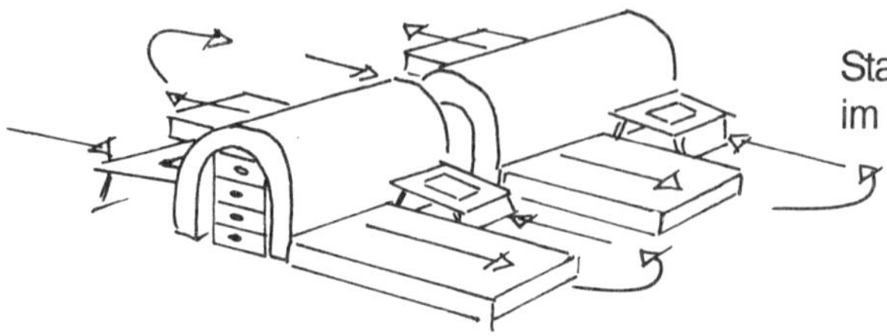

Stationäres Üben und Üben im Strom

3.8.4 Handstützüberschlag

Wie für den Salto vorwärts schafft die Schleuderwirkung des MT auch für den Handstützüberschlag besonders günstige Voraussetzungen. Das gilt sowohl für die Sprungübung über Geräte als auch für die Auftaktgestaltung bei Überschlägen von Erhöhungen hinunter bis hin zum Überschlag am Boden.

Zu Beginn gilt es jedoch, einige Erfahrungen zu sammeln. Dazu gehört der Handstand, der mit Hilfe des MT ohne Mühe auf eine Erhöhung hinauf geturnt werden kann. Die ersten Versuche erfolgen aus dem Federn auf einen angemessen flachen, weichen Mattenberg. Der Übende wird von einem oder zwei Helfern in Empfang genommen. Sie ergreifen die Oberschenkel mit Klammergriff.

Die Übenden führen die gleiche Aufgabe im gleichen Aufbau aus dem kurzen, kontrollierten Anlauf durch. Nach kurzem Stand auf den Händen erfolgt das Abrollen in den Sitz.

Hilfestellung:
Handstand

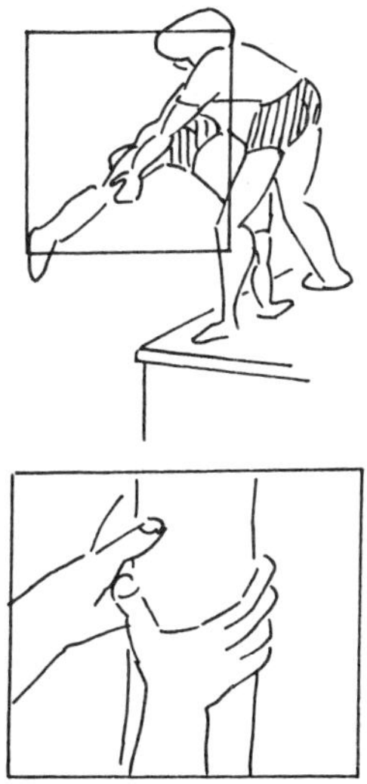

☞ FRÜHZEITIG
ergreifen

mit
☞ KLAMMERGRIFF
am Oberschenkel

Am erhöhten Gerät muß die Schleuderwirkung deutlicher ausgenutzt werden. Die Übenden müssen mehr tun, damit die Helfer ihre Oberschenkel erreichen.

Auch bei diesem Aufbau erfolgt der Aufsprung in den Handstand aus kurzem Anlauf.

Mit variablen Übungsformen wird der Aufsprung in den Handstand gesichert.

Beim MT zwischen zwei Kästen ist alles Weiche, das vorher mit Matten auf den Kästen erzeugt wurde, verschwunden.

Die zweite wichtige Bewegungserfahrung, die die Übenden machen müssen, bevor der große Sprung erfolgt, ist der Überschlag von einer Erhöhung hinunter. Sie schafft Vertrauen in die späteren Anforderungen. Weiche Treppen aus Matten und Weichböden haben den entsprechenden Aufforderungscharakter.

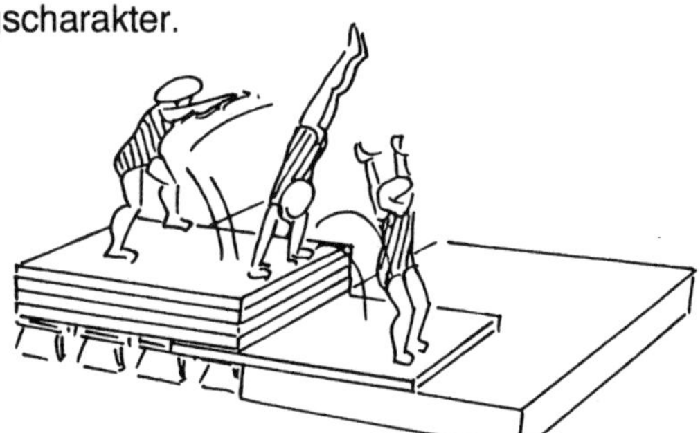

Hilfestellung geben zwei Helfer mit Klammerdrehriff am Oberarm. Sie halten den Griff so lange, bis der Übende sicheren Stand gefunden hat.

Das MT eignet sich jetzt besonders gut für einen raumgreifenden Auftaktschritt. Dieser endet in der Schrittstellung auf dem Mattenhügel und führt zügig in die Überschlagbewegung. Die dafür notwendigen Treppen können in unterschiedlicher Weise aus Weichböden gebaut werden. Eine gewisse Festigkeit erzeugen aufgelegte Bodenmatten.

Möglich sind aber auch festere Mattenhügel, die einen besseren Abdruck von den Händen ermöglichen.

Variationen in der vorbereitenden Sprunggestaltung sind willkommene Aufgaben zur Sicherung des Bewegungsvermögens.

Quer übereinander gestapelte Matten erwecken den Eindruck der Weichheit und sind deshalb für den Anfänger als Sprunggerät für den Handstützsprungüberschlag geeignet.

Handstütz-Sprungüberschlag

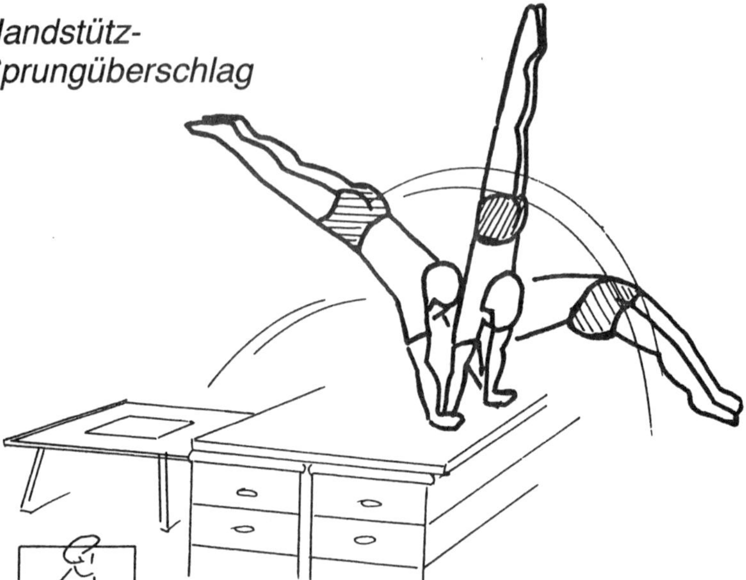

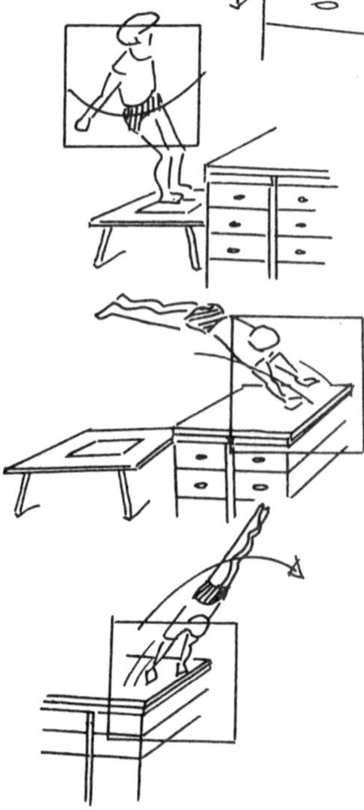

☞ ARMZUG
von hinten nach vorne

Absprung ☞ PAUSE

☞ NACH VORN
greifen

mit

☞ BLICK
zur Landestelle

☞ ABDRÜCKEN

Hilfestellung:
Handstütz-Sprungüberschlag

Zwei Helfer

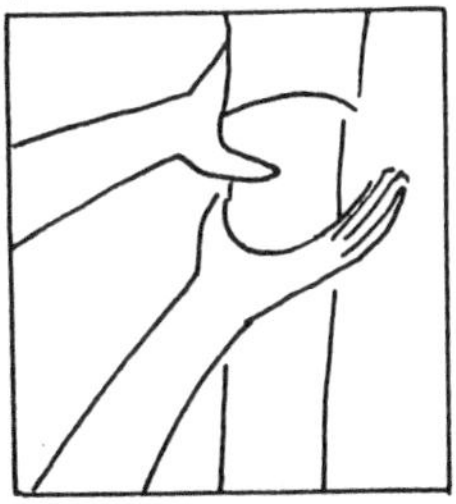

mit
☞ KLAMMERGRIFF
am Oberarm

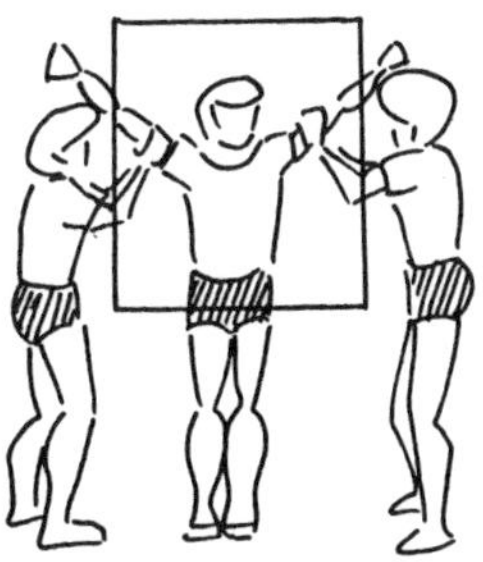

☞ FESTHALTEN
bis zum Stand

Ein besonders herausfordernder Geräteaufbau bildet der "blaue Elefant", bei dem ein Weichboden über einen Kasten gebunden wird.

Die mit dem "blauen Elefanten" verbundene Sicherheit macht Mut für manches Experiment in der "Anlaufgestaltung".

Einen mutigen Einsatz verlangt der Handstützsprungüberschlag über den breiten Weichbodenhügel. Je nach Weichheit des Weichbodens sorgen eine oder mehrere Bodenmatten für eine angemessene Festigkeit für den Abdruck von den Händen.

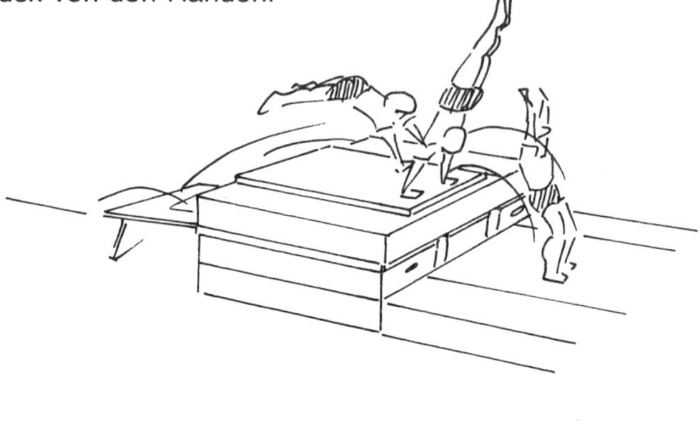

Wenn die Übenden die Grobform des Handstützsprungüberschlages beherrschen, helfen Variationen, ihn zu festigen. Sogar "Sprünge mit Begleitung" sind dafür geeignet.

Vorgebaute kleine Kästen verlängern den Sprung über das abschließende Gerät.

Beim Überschlag aus dem Doppelsprung sind viele Varianten möglich, die unterschiedliche koordinative Anforderungen stellen.

Der Handstützsprungüberschlag eignet sich wie vorher der Salto vorwärts als Abschluß aller Sprungkombinationen.

Gleiche Bewegungserfahrungen ebnen den Weg für den Handstützüberschlag am Boden. Auch bei dessen Erarbeitung leistet das MT große Hilfestellung, weil mit ihm der Auftaktschritt mit besonderer Dynamik gestaltet werden kann, so daß die anschließende Umsetzung in den Überschlag besser gelingt.

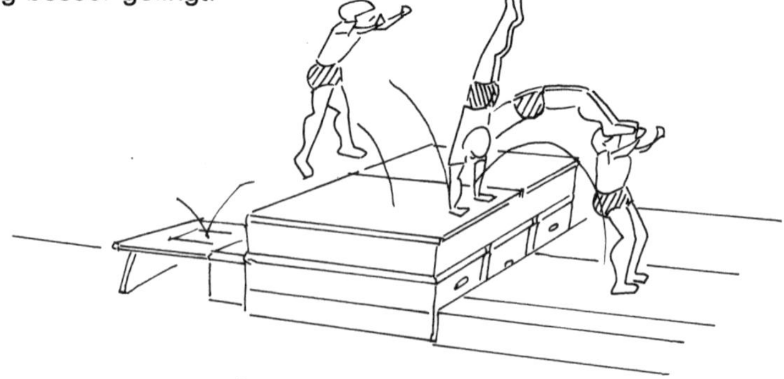

Den Abdruck kann der Übende bewußt erleben, wenn es mit Hilfe eines untergelegten Sprungbrettes ein bißchen bergauf geht.

Wenn es bergab geht, wird die Dynamik noch ein bißchen verstärkt. Für die Festigkeit des Abdrucks sorgt eine entsprechende Anzahl aufgelegter Matten.

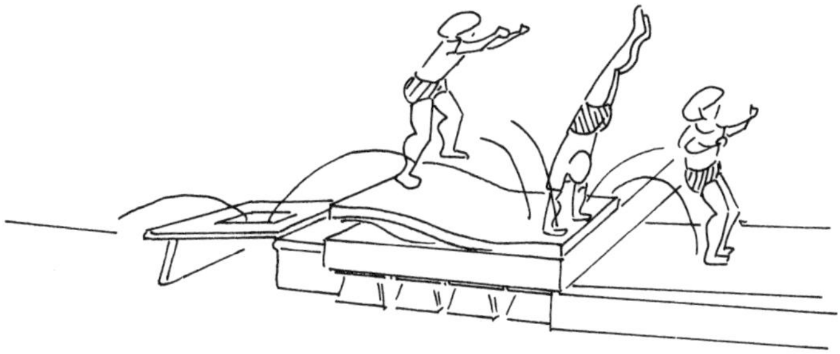

Schräg untergestellte Langbänke (nur die kurzen Bänke eignen sich) erzeugen durch leichtes Mitschwingen eine leicht katapultierende Wirkung.

Eine leichte Abdruckverstärkung gewährt jetzt nur noch das untergelegte Sprungbrett. Durch leichtes Eindringen in den Weichboden ist die Abdruckstelle noch deutlich höher als die Aufsprungstelle.

Die Organisation des Übens läßt sich so gestalten, daß trotz kompakten Geräteaufbaus große Bewegungswege entstehen. Den besten Überblick bei Lernprozessen hat man jedoch, wenn alle Anlagen nebeneinander stehen.

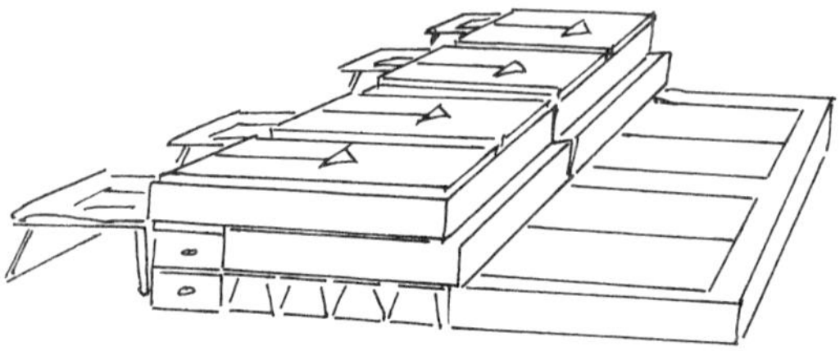

Stationäres Üben an nebeneinander stehenden Anlagen

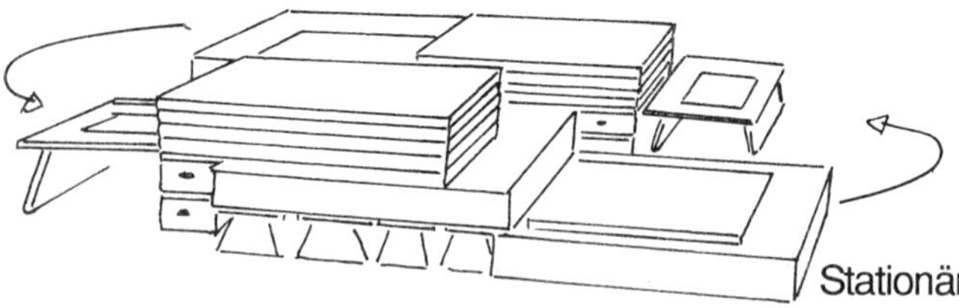

Stationäres Üben und Üben im Kreisdurchgang

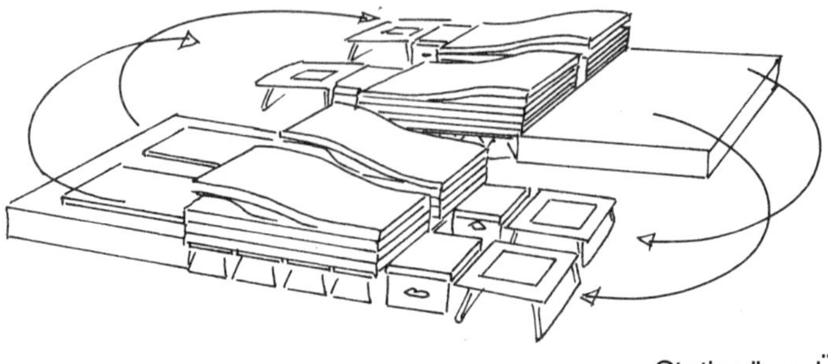

Stationäres Üben und Üben in zwei Kreisen

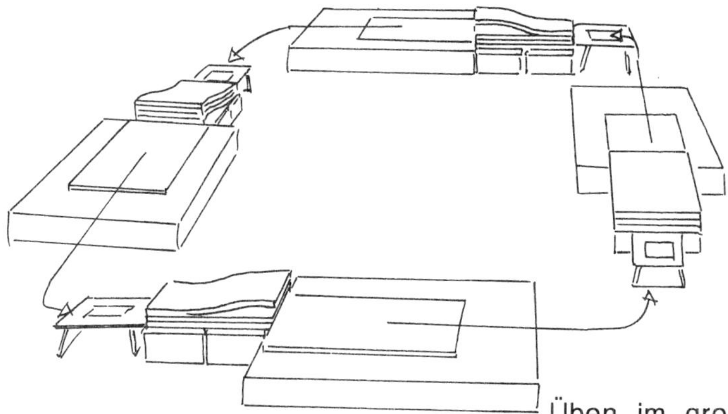

Üben im großen Kreisdurchgang

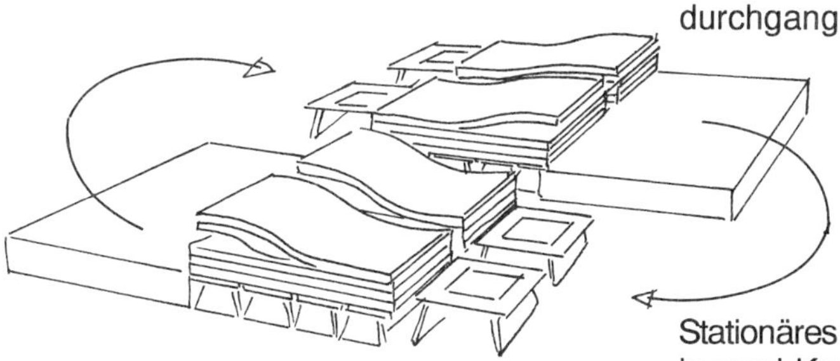

Stationäres Üben und Üben in zwei Kreisen

3.8.5 Handstützsprungüberschlag seitwärts (Rad)

Voraussetzung für den Handstützsprungüberschlag seitwärts mit dem MT ist das Rad. Vom weichen Hügel herunter ist es für jeden, der es am Boden kann, eine interessante Variation.

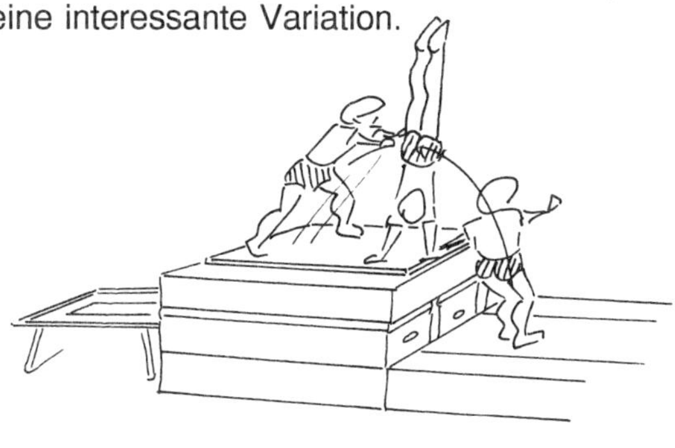

Mit einem schwungvollen Auftraktschritt aus dem Ansprung vom MT wird daraus eine sehr dynamische Aufgabe.

Wenn Hilfestellung benötigt wird, kann der Helfer standfest auf dem Mattenhügel stehen. Er begleitet die Überschlagbewegung mit festem Griff an der Hüfte des Übenden.

Die vorausgehende Sprunggestaltung läßt sich sehr variabel durchführen.

Beim Absprung aus dem MT geht es zunächst auf den Hügel hinauf: "Aufradeln".

Die bei der Hockwende gemachten Erfahrungen nutzen wir für das "Hockrad", bei dem der Handstützüberschlag seitwärts mit gebeugten Beinen ausgeführt wird.

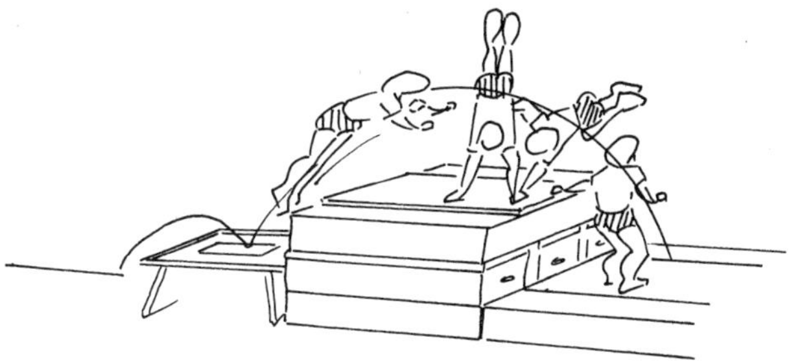

Bei richtiger Ausführung werden die Beine gestreckt. Wenn eine Hilfestellung erforderlich ist, wird sie wie schon beim Auftaktschritt auf dem Mattenberg eingerichtet, weil der Helfer hier standfest zugreifen kann.

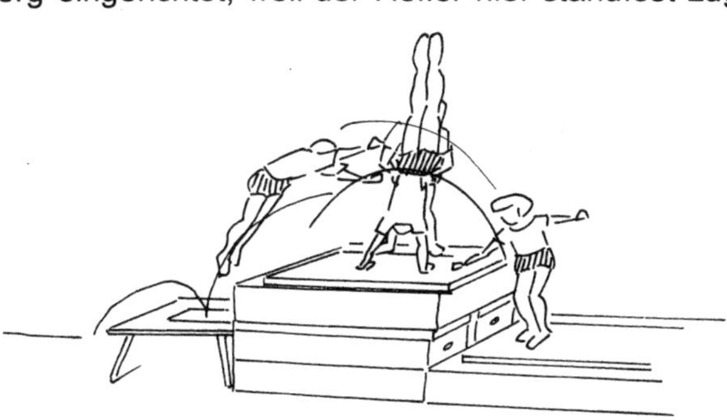

Handstütz-Sprungüberschlag seitwärts (Rad)

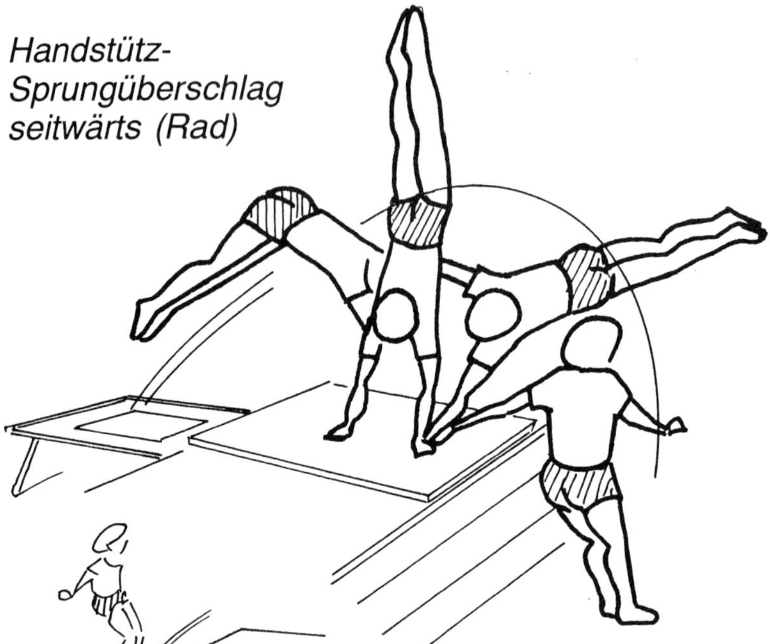

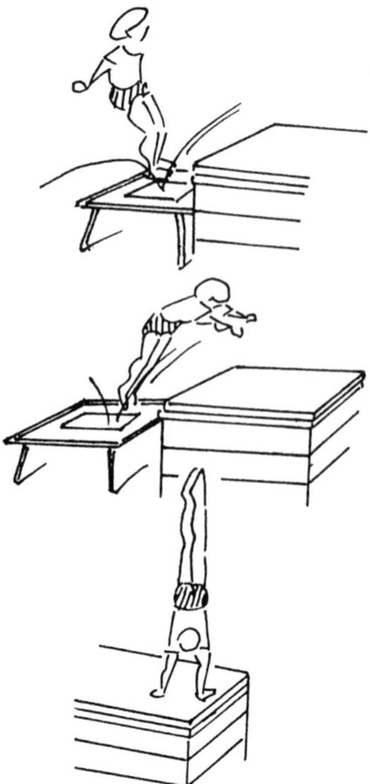

☞ ARMZUG
von hinten nach vorne

Absprung ☞ PAUSE
seitwärts stützen

☞ BLICK
auf die Landestelle

und

☞ ABDRÜCKEN

Hilfestellung: Handstütz-Sprungüberschlag seitwärts

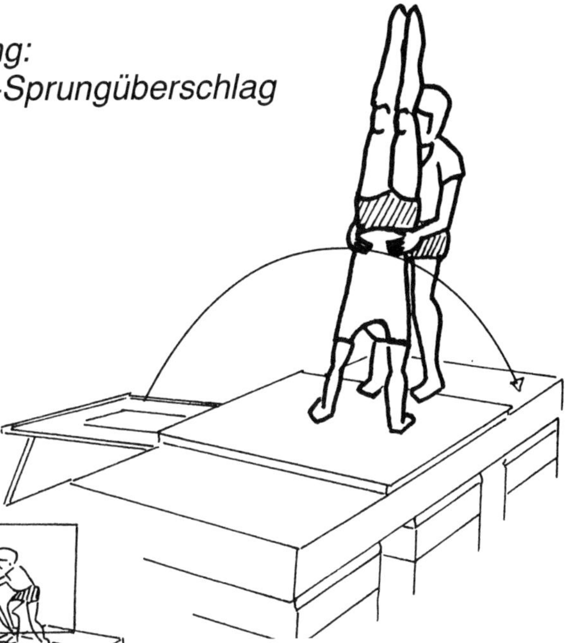

☞ FRÜHZEITIGES Erfassen

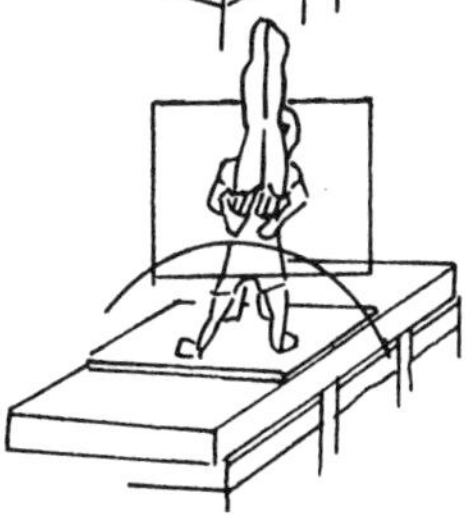

☞ DREHHILFE an der Hüfte

lange
☞ BEGLEITEN

Mit Kästen und Matten entstehen sehr stabile Anlagen. Jedes weitere Kastenteil bedeutet eine deutliche Erhöhung, jede weitere Matte nur eine geringe.

Auch der einzelne Kasten ist ein geeignetes Gerät für den Handstütz-sprungüberschlag seitwärts. Seine schnelle Bereitstellung läßt Raum für so manche Variation, wie z.B. den Abschluß nach "Sprüngen mit Beglei-tung".

Jede Veränderung stellt eine neue Herausforderung.

Alle Mehrfachsprünge können mit einem Handstützsprungüberschlag seitwärts über den Kasten abgeschlossen werden.

Ein schnell umgestelltes MT macht daraus eine Aufgabe mit einem "Sprung um die Ecke".

Erhöhte kleine Kästen erschweren die Sprunggestaltung im "Anspringen" zum Sprunggerät.

Zwischengestellte Matten verdecken die Sicht und fordern die besondere Konzentration der Übenden heraus.

Beim Gruppensprung hat jeder der Übenden einen eigenen Kasten.

Wenn daraus auch noch ein Mehrfachsprung wird, ist eine besondere Abstimmung der Übenden erforderlich.

3.9 Das MT als methodische Hilfe

Es ist nicht unsere Absicht, hier eine umfassende Darstellung aller der Situationen zu geben, in denen das MT als methodisches Hilfsmittel eingesetzt werden kann. Es sollen lediglich einige Beispiele gezeigt werden, in denen sich das MT hervorragend bewährt hat: und zwar als Energiespender für eine ganzheitliche Bewegungsausführung, wenn die Kraft der Übenden noch nicht genügend entwickelt ist, um die Übungen aus eigener Energie zu schaffen. Das MT bietet die Möglichkeit, den Erlebnisgehalt turnerischer Übungen zu erschließen, die ohne dieses Gerät nicht erreichbar wären. So gelingt es, den Gerätturnunterricht interessant und abwechslungsreich zu gestalten.

3.9.1 Abgänge am Reck

Erste Erfahrungen werden mit der *Hockwende* gesammelt. Die Übenden ergreifen die Reckstange mit Zwiegriff und turnen die Hockwende aus dem mehrfachen Federn. An der schrägen Reckstange werden die Beine zunächst nur über die flache Seite geführt.

Im Falle einer Hilfestellung erfolgt sie mit Klammergriff am Oberarm auf der abgewandten Seite.

Hocke

aus dem
☞ KONTROLLIERTEN FEDERN

Knie zwischen den Armen
vor die Brust ziehen

☞ ABDRÜCKEN

und

☞ AUFRICHTEN

Hilfestellung: Hocke

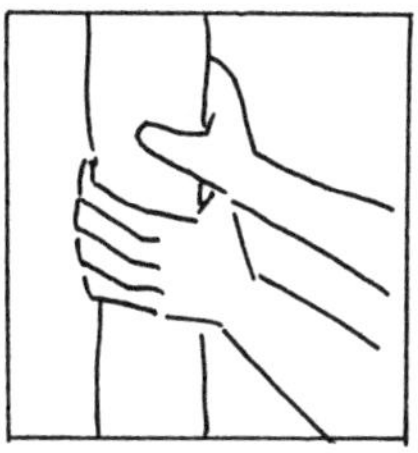

☞ KLAMMERGRIFF
am Oberarm

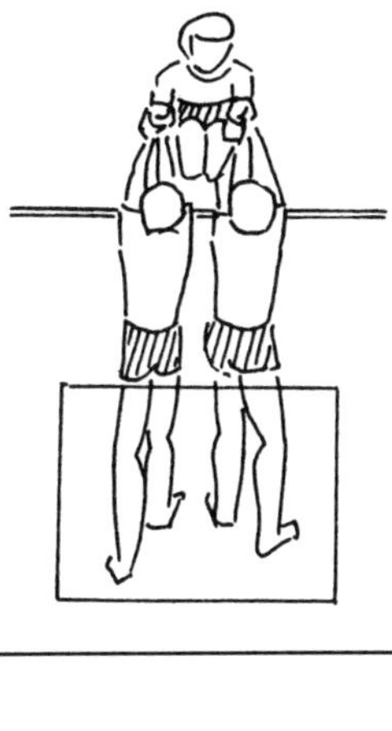

☞ INNENBEIN

und

☞ INNENSCHULTER

vor

Im Unterschied zur Sprunghocke, auf deren Erarbeitung wir verzichtet haben (siehe S. 16), weil es für viele zu schwierig ist, die Bewegung nach dem Absprung vom MT zu kontrollieren, ist die *Hocke* am Reck besser kontrollierbar, weil sie mit festem Griff aus dem Federn geturnt wird. Das MT liefert die Energie, die die Übenden aus dem Stütz nicht erzeugen könnten. Zwei Helfer sichern die Bewegung mit Klammergriff an den Oberarmen.

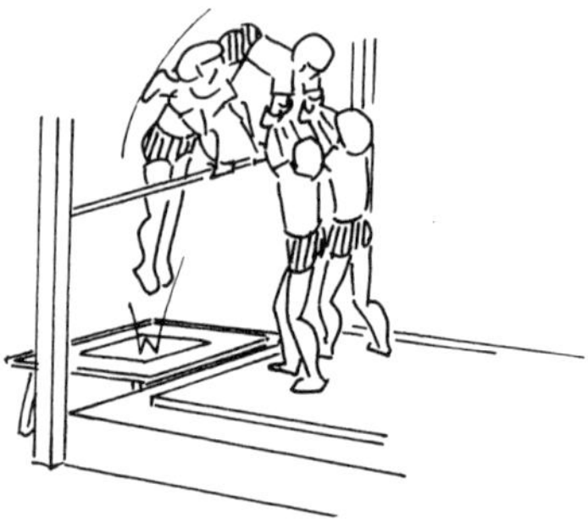

3.9.2 Hüftumschwung vorlings rückwärts (Bauchwelle)

Auch beim Hüftumschwung vorlings rückwärts, deren Ausführung aus dem Stütz dem Anfänger Schwierigkeiten bereitet, ist das MT ausgezeichnet als Energiespender geeignet. Bevor das MT zum Einsatz kommt, sollten jedoch ein paar Bewegungserfahrungen für das Drehen um die Reckstange vermittelt werden. Die erste ist der "Bauchwellhüftaufschwung" aus dem Stand auf einem kleinen Kasten, so daß sich die Reckstange etwa in Hüfthöhe befindet. Zwei Helfer geben Drehhilfe.

Energie für den Hüftumschwung kann auch durch einen Schrägliegestütz erzeugt werden. Dabei sammeln die Übenden Erfahrung mit der Stützposition, bei der es darum geht, die Schulter leicht über die Stange zu schieben. Zwei Helfer geben Drehhilfe mit einer Hand am Handgelenk und einer am Oberschenkel des Übenden.

Die Füße können dabei auch auf einen der Reckhöhe angepaßten Kasten gestellt werden.

Nach diesen Vorerfahrungen kann es gelingen, den Körper durch das MT in die Ausgangsposition zu katapultieren, von der aus der Hüftumschwung vorlings rückwärts geturnt werden kann.

Hüftumschwung vorlings rückwärts (Bauchwelle)

aus dem kontrollierten
Federn in den freien Stütz

☞ ARME GESTRECKT

☞ SCHULTERN VOR

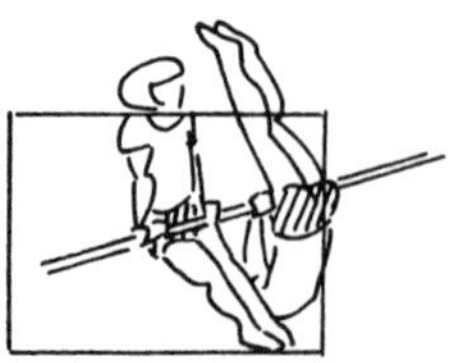

☞ HÜFTE LEICHT BEUGEN
beim Auftreffen auf die Stange

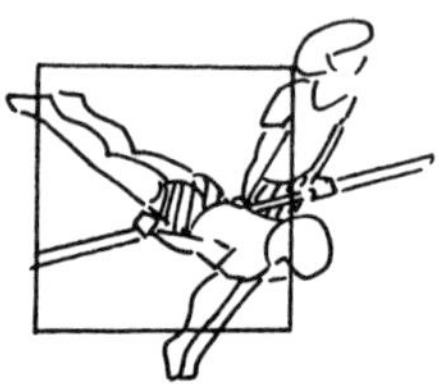

☞ HÜFTE STRECKEN
in den Stütz

Hilfestellung: Hüftumschwung vorlings rückwärts (Bauchwelle)

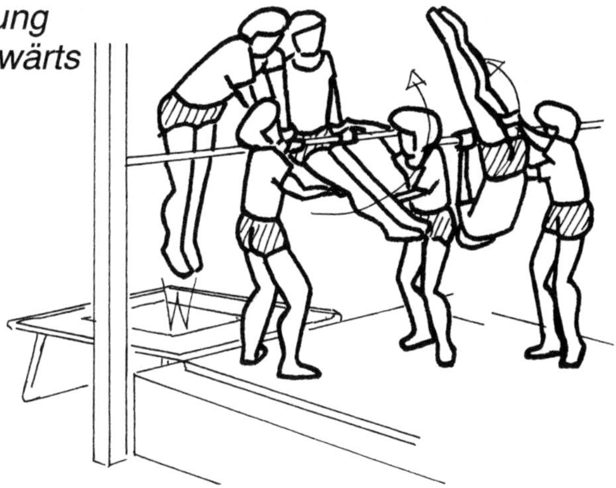

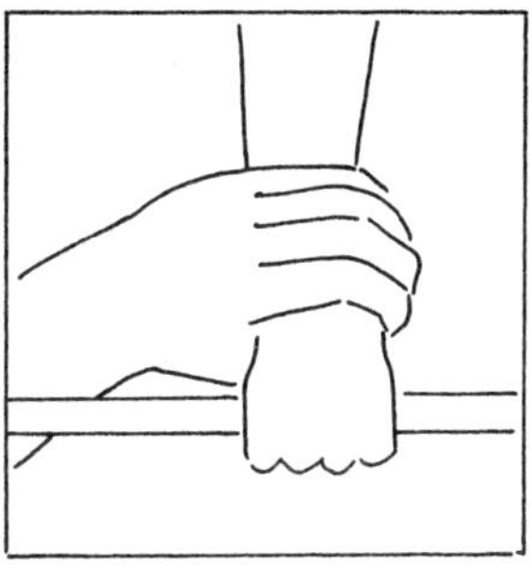

☞ HALBER KLAMMERGRIFF am Handgelenk

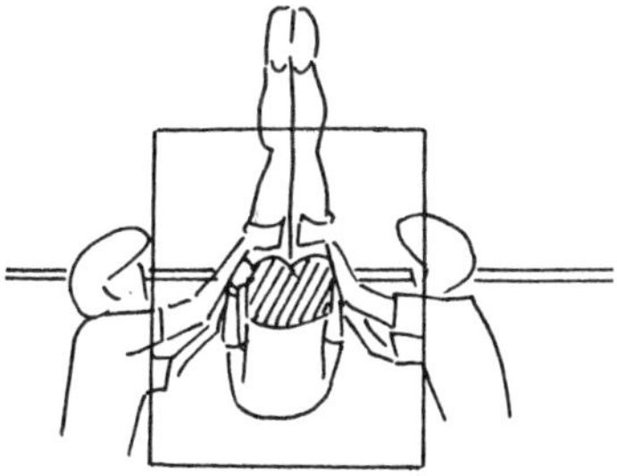

☞ SCHUBHILFE am Oberschenkel

3.9.3 Handstand

Der Handstand gelingt am Boden aus eigener Kraft, aber sobald es auf Geräte hinauf geht, reicht die Energie dafür bei vielen nicht mehr aus. Hier bietet das MT ausgezeichnete Möglichkeiten, den mit diesem Kunststück verbundenen Erlebnisgehalt zu vermitteln. Erfahrungen mit dem Handstand sind auch Voraussetzung für den schon behandelten Handstützsprungüberschlag.

Ein großer Kasten bietet zwei Helfern sicheren Stand, so daß der aus dem Federn erreichte Handstand angemessen gesichert ist.

An einem Längskasten sind zwei an den Seiten aufgestellte "Ohren" (kleine Kästen) notwendig, um standfeste Hilfestellung geben zu können.

Hilfestellung: Handstand

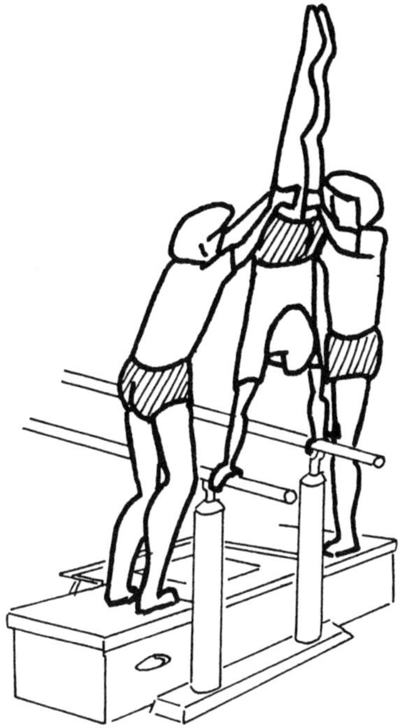

mit
☞ KLAMMERGRIFF
am Oberschenkel

☞ FRÜHZEITIG
erfassen

Vertrauen erweckt der Kastenaufbau an einer Weichbodenwand. Nach ausreichenden Erfahrungen wird er hier auch schon allein geturnt.

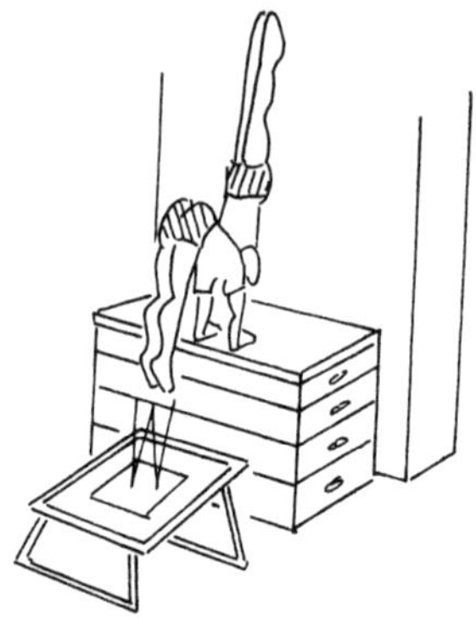

Auf dem Wege zum Handstand am Barren machen wir an der Kastengasse Station. Ein eingelegter Mattenbogen verspricht Sicherheit, denn

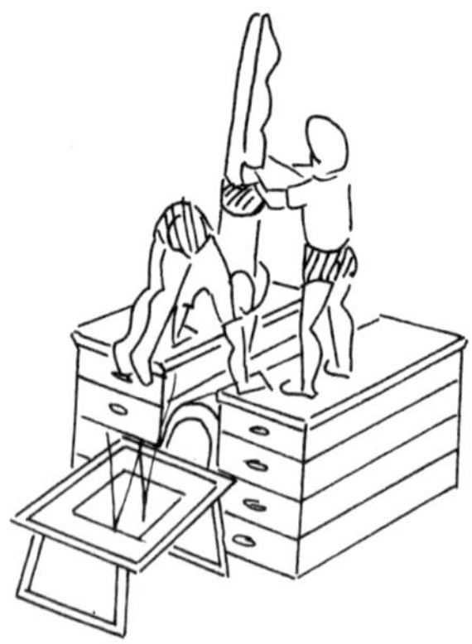

ohne Mattenbogen sieht der Übende in die "tiefe Schlucht". Ein oder zwei Helfer stehen sicher auf den Kästen und ergreifen den Übenden mit Klammergriff am Oberschenkel.

Am Barren geht es zunächst von außen nach innen, dann von innen nach außen. Die Helfer stehen sicher auf Kästen.

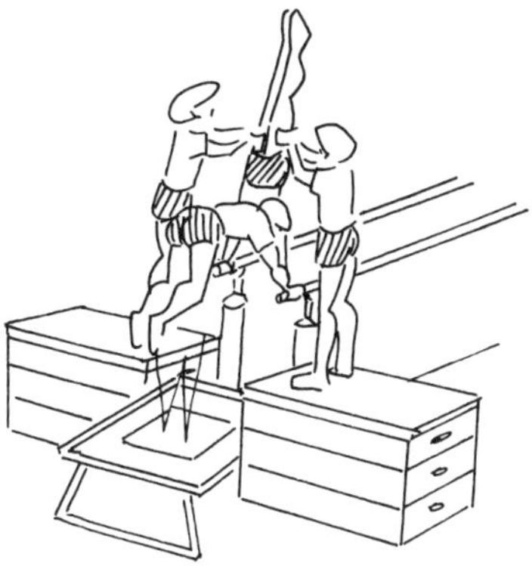

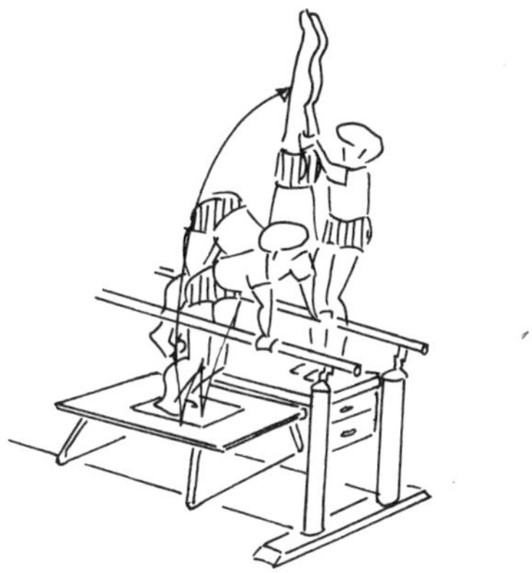

In der Barrenmitte steht man wie ein Barrenturner: gefangen in den Barrenholmen

Andere Geräte, wie z.B. Schwebebalken, Barren und Reck erweitern die Erfahrungen durch interessante Variation der Bedingungen.

am Schwebebalken

am Barrenholm

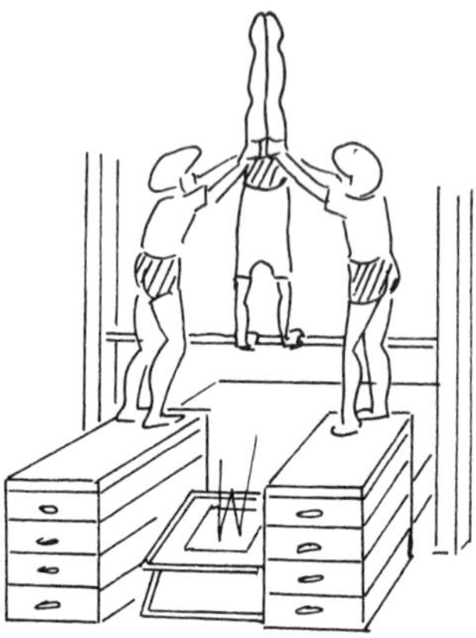

am Reck

Eine kompakte Organisation der Geräte gestattet einen übungsdichten, abwechslungsreichen Unterricht.

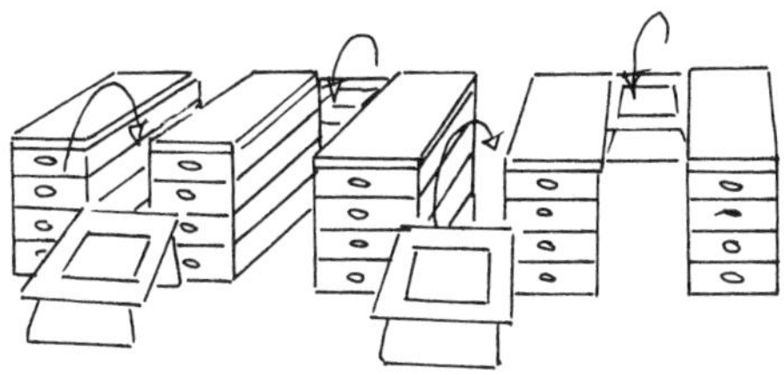

Stationäres Üben und Üben im Strom

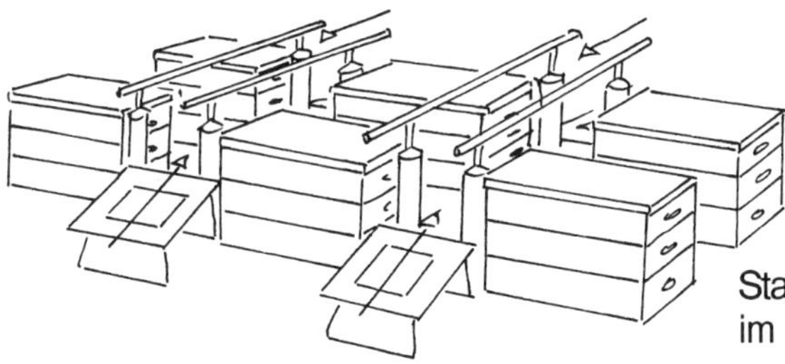

Stationäres Üben und Üben im Kreisdurchgang

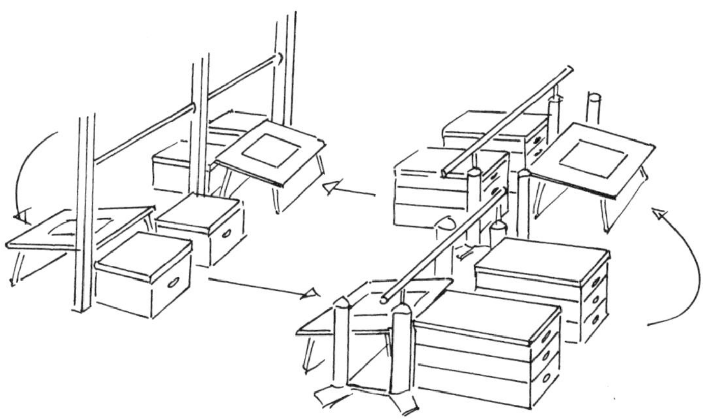

Differenziertes stationäres Üben und Üben im Kreisdurchgang

3.9.4 Hohe Wende

Die Hohe Wende ist eine beliebte und für alle erreichbare Übung am Stufenbarren. Das MT ist eine ausgezeichnete Hilfe, um die Ausgangsstellung im Stütz am oberen Holm elegant zu erreichen. Bevor jedoch aus großer Höhe heruntergeturnt wird, sorgen ein paar vorbereitende Übungen am Reck dafür, daß die Übenden Vertrauen in die ungewohnte Bewegung gewinnen.

Am hüfthohen Reck bleibt die Übungsausführung bodennah. Ein Helfer kann die Bewegung mit einem Klammergriff an den Oberschenkeln führen.

Mit einem kleinen Kasten wird eine kleine Stufe gebaut. Das Heruntergreifen auf den kleinen Kasten entspricht dem Heruntergreifen auf den niederen Holm.

Hohe Wende

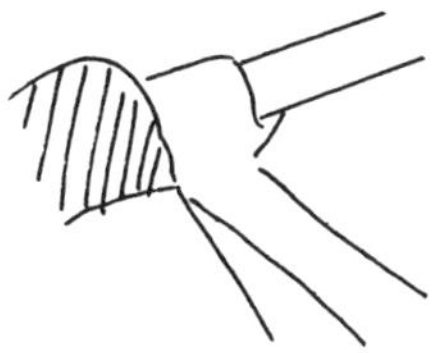

aus dem kontrollierten Federn
in den Stütz

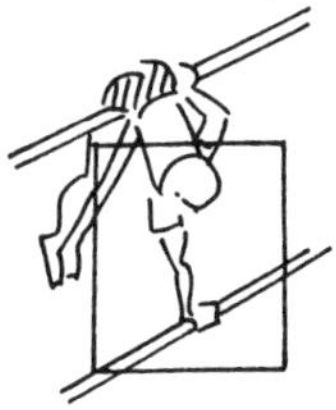

☞ KAMMGRIFF
am oberen Holm

☞ GERADE HERUNTER
greifen

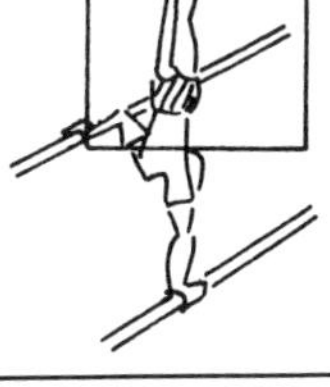

☞ HOCH
abschwingen

Hilfestellung: Hohe Wende

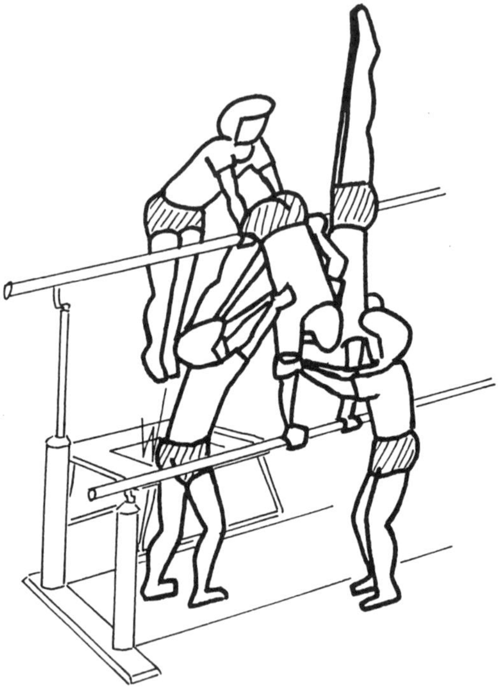

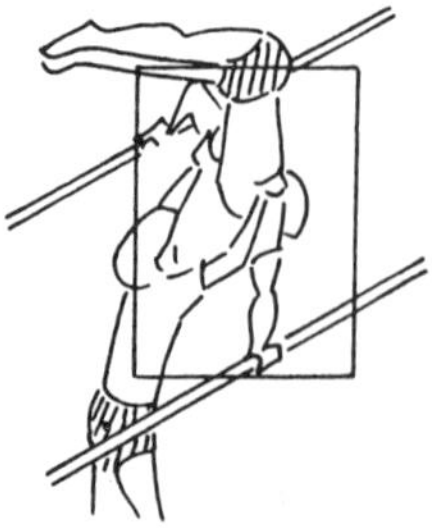

erster Helfer
(in der Holmengasse):
☞ SCHUBHILFE
am Oberkörper

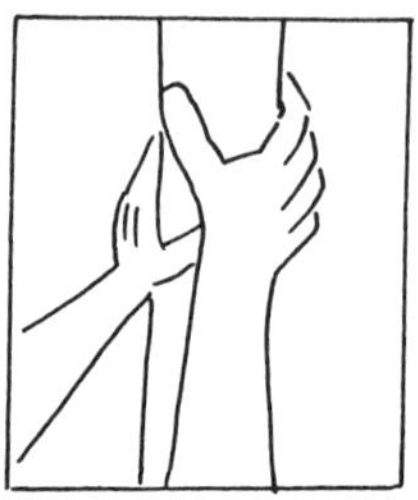

zweiter Helfer:
☞ KLAMMERGRIFF
am Oberarm

Ein großer Kasten erhöht die Ausgangsstellung der Übenden, und der Helfer kann jetzt standfest von erhöhter Position eingreifen.

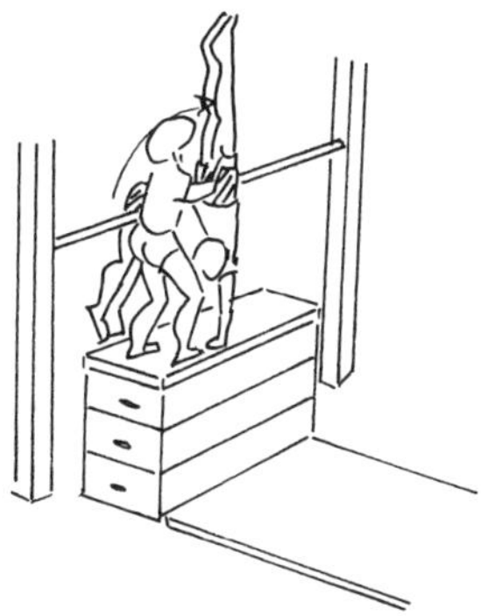

Mit dem vorgestellten MT gelingt die Hohe Wende aus dem Federn heraus in schwungvoller Bewegungsausführung. Die allmähliche Erhöhung von Reck und Kasten steigert die Anforderungen.

Am Schluß dieser methodischen Reihe steht die Hohe Wende am Stufenbarren. Die Ausgangsstellung am hohen Holm wird zunächst aus dem Federn und dann, in besonders dynamischer Ausführung, aus dem kurzen Anlauf und Absprung vom MT erreicht.

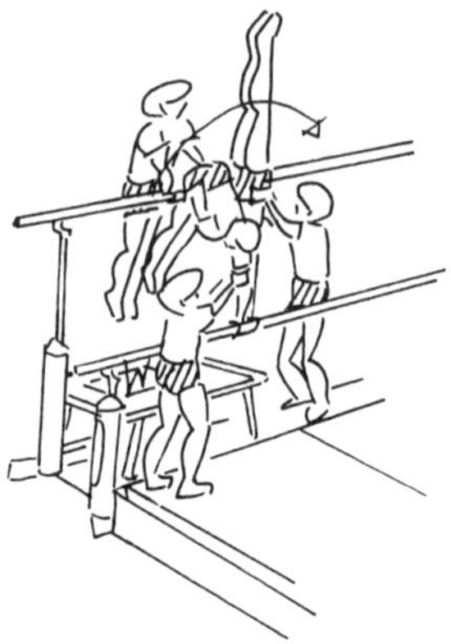

3.9.5 Felgunterschwung

Der Felgunterschwung an Reck und Stufenbarren wird mit dem MT zu einer besonderen Form entwickelt. Voraussetzung ist der Unterschwung an diesen Geräten ohne Unterstützung durch das MT. Sie stehen auch in der methodischen Reihung der Übungen am Anfang.

Am Reck wird der Felgunterschwung zunächst aus dem Stand ausgeführt. Ein Helfer kann die Bewegung begleitend unterstützen.

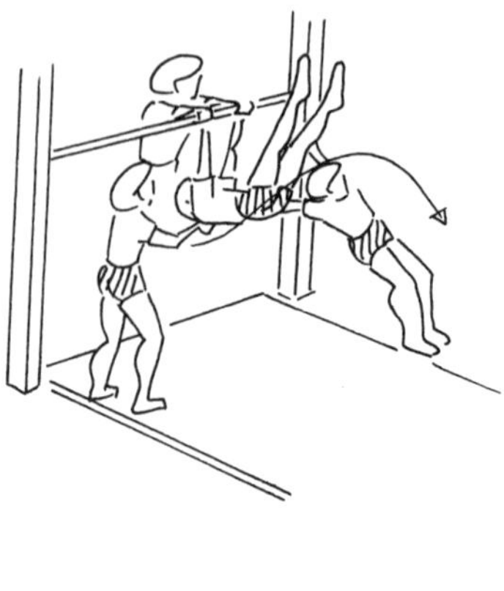

Ein kleiner Kasten sorgt für eine erhöhte Ausgangsstellung und bei entsprechender Ausnutzung für einen höheren und weiteren Flug.

Eine entsprechende Ausgangshöhe kann auch mit dem MT erreicht werden. Aus dem Federn gelangt der Übende in einen flüchtigen Streckstütz, aus dem heraus durch schnelles Hüftbeugen der Unterschwung in die entgegengesetzte Richtung eingeleitet wird.

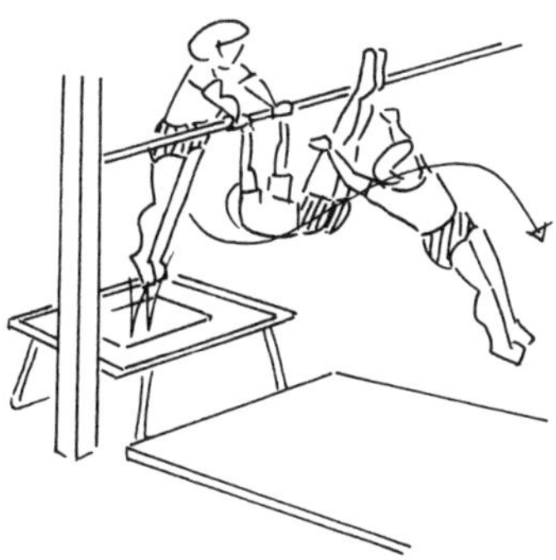

Am Stufenbarren kann die Hüftbeugung zunächst durch das Aufsetzen eines Fußes auf den unteren Holm erleichtert werden.

Felg-unterschwung

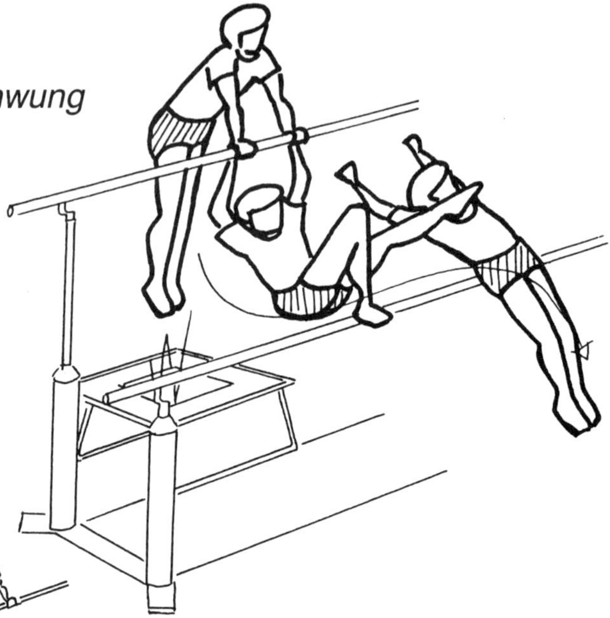

aus dem
☞ KONTROLLIERTEN FEDERN

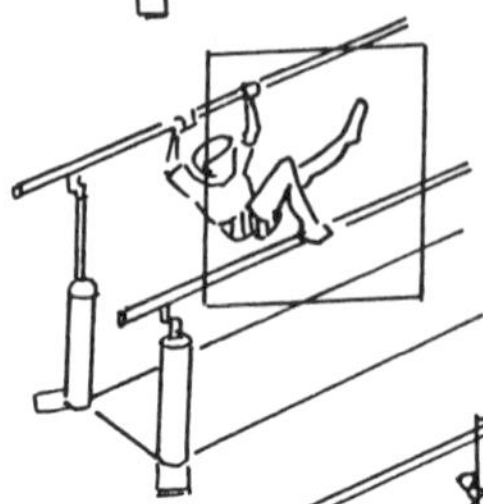

Aufsetzen eines Fußes
auf den niederen Holm

☞ ABDRÜCKEN

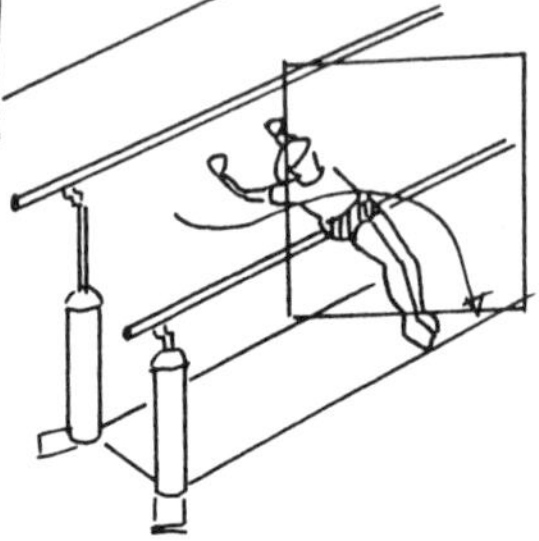

und
☞ STRECKEN

Hilfestellung: Felgunterschwung

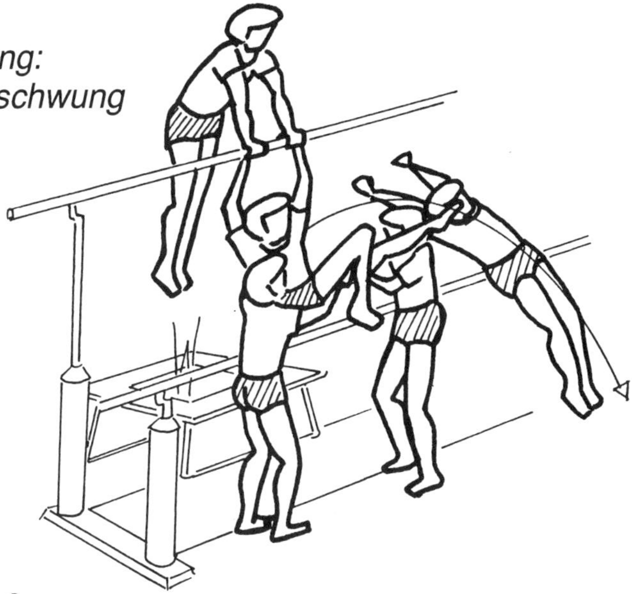

zwei Helfer mit

☞ SCHUBHILFE
am Rücken und am Oberschenkel

☞ FESTHALTEN
bis zum Stand

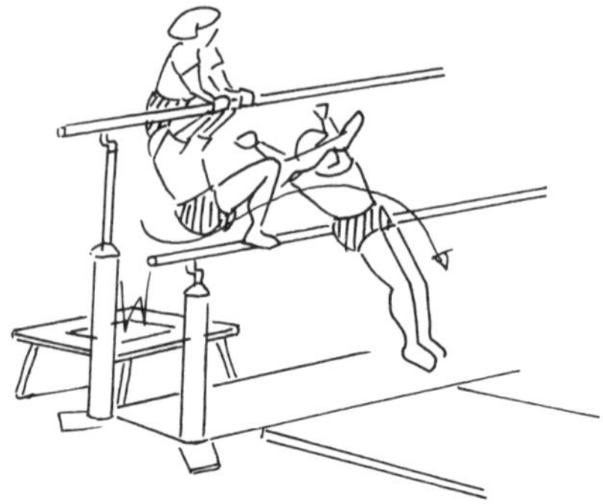

Ziel ist aber auch hier die Ausführung ohne Aufsetzen des Fußes im freien Flug über den unteren Holm.

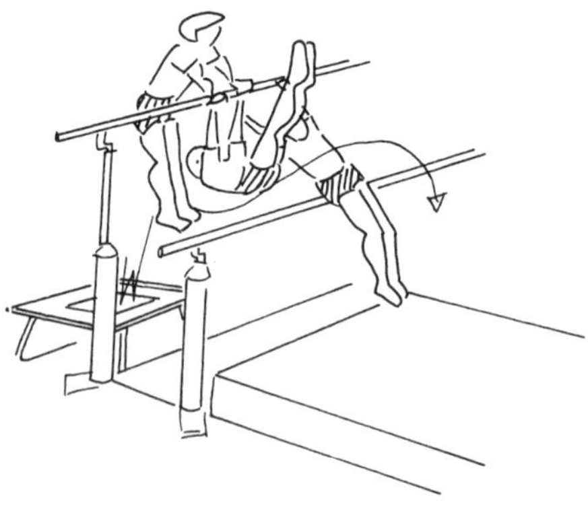

3.9.6 Abgänge vom Barren

3.9.6.1 Wende

Die Wende ist ein Abgang, der aus dem Schwingen heraus geturnt wird. Nur ein gut entwickeltes Schwungvermögen führt zu einer attraktiv hohen Ausführung des Wendeschwunges. Wenn die Übenden noch nicht über die für das Schwingen notwendige Kraft verfügen, ist das MT ein geeignetes Hilfsmittel zur Energiegewinnung. Die bei der Bewegungsausführung erzeugte kurze Stützphase ist darüber hinaus eine geeignete Reizsetzung für die Ausbildung der Stützkraft insgesamt.

Erste Bewegungserfahrungen mit dem Wendeschwung werden am Kasten gemacht. Die breite Kastenoberfläche erlaubt sichere Zwischenlandungen.

Nach der Hockwende, bei der die Beine gebeugt werden, turnen wir die Wende mit gestreckten Beinen.

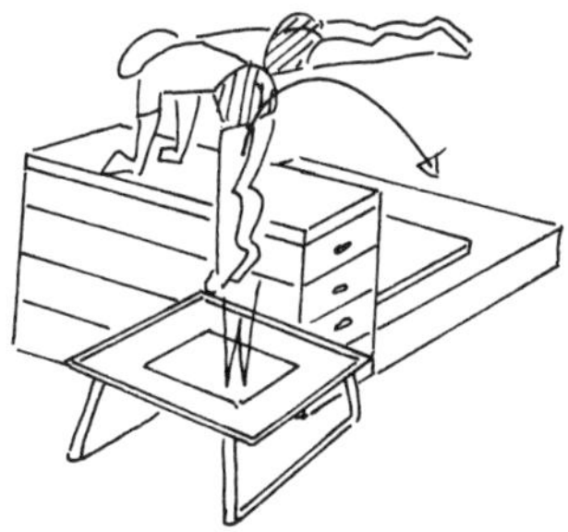

Am Barren wird das MT in die Holmengasse gestellt. Das Federn mit festem Griff auf den Holmen macht die Übenden mit der Anlage vertraut. Die Beinschwungübungen werden mit einer Hockwende in den seitlichen Stand abgeschlossen.

Jetzt landen die Übenden mit den Füßen auf den Holmen, bevor sie die Wende mit gestreckten Beinen in den seitlichen Stand ausführen.

Am Ende der methodischen Reihe steht die Zielübung, die mit Unterstützung des MT Schritt für Schritt in die Höhe geführt werden kann.

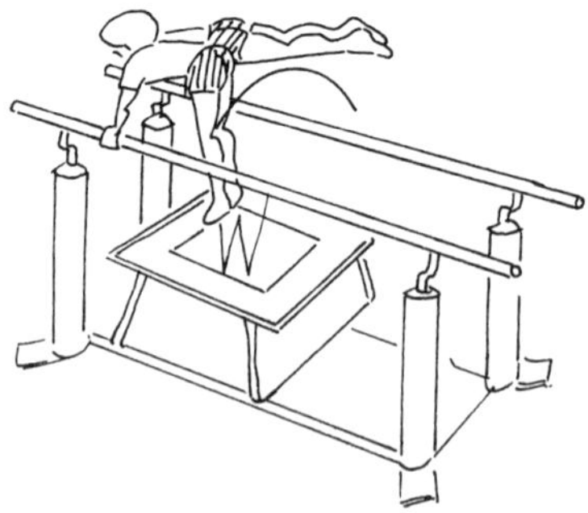

Wenn eine Hilfestellung notwendig ist, dann steht diese auf der der Bewegungsrichtung abgewandten Seite. Mit einer Hand unterstützt der Helfer den Stütz des Übenden und mit der anderen dessen Wendebewegung.

Eine interessante Variante ist die Wende mit halber Drehung, bei der der Übende mit dem Rücken zum Gerät hin dreht ("Wendekehre"). Die Bewegung wird am Kasten vorbereitet.

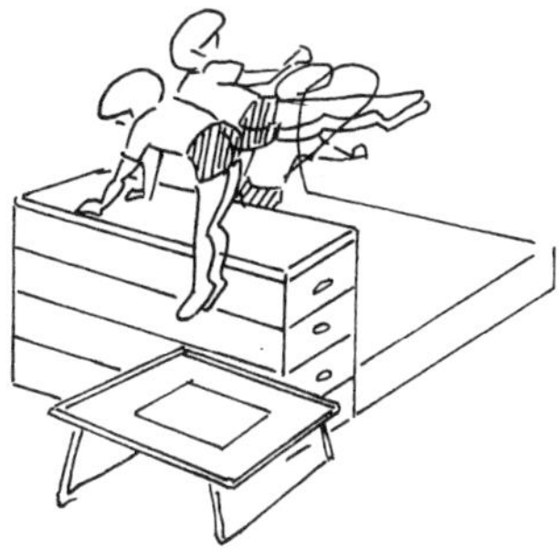

Die Ausführung aus dem Federn in der Holmengasse ist ein "kleines Kunststück".

3.9.6.2. Kreishockwende (Kreishocke)

Ein Kunststück, dessen Bewegungsführung mit dem MT hervorragend vorbereitet werden kann, bevor es dann später aus dem Schwingen heraus geturnt wird, ist die Kreishockwende. Da die Ausführung am Barren selbst mit dem MT nicht ohne Risiko ist, suchen wir zunächst nach sicheren Bedingungen. Solche bieten die Sprunggeräte mit breiten Stütz- und Landeflächen.

Am Bock kann die für die Übung erforderliche Drehung über einen Arm an jeder Stelle unterbrochen werden.

Kreishockwende

aus dem
☞ KONTROLLIERTEN FEDERN

Gewicht
☞ ZUR STÜTZARMSEITE
legen

um den Stützarm
☞ DREHEN

Hilfestellung: Kreishockwende

☞ HALBER KLAMMERGRIFF am Stützarm

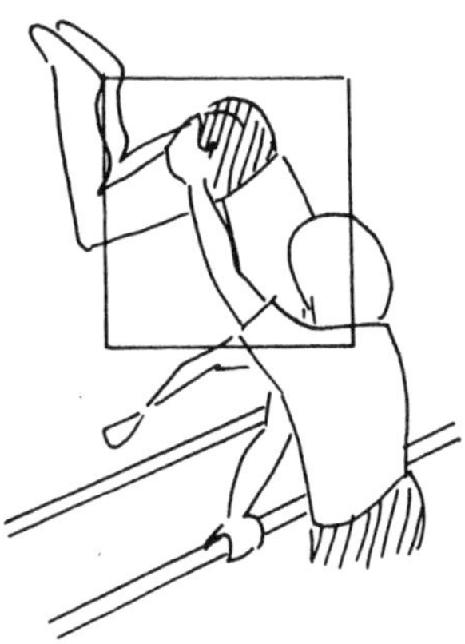

☞ SCHUBHILFE
und
☞ DREHHILFE
am Oberschenkel

Auch der Kasten bietet eine breite Stützfläche. Sowohl der Querkasten als auch der Längskasten bieten gute Übungsmöglichkeiten.

Am Barren beginnen wir den methodischen Gang mit mehrmaligem Anhocken der Beine aus dem Federn.

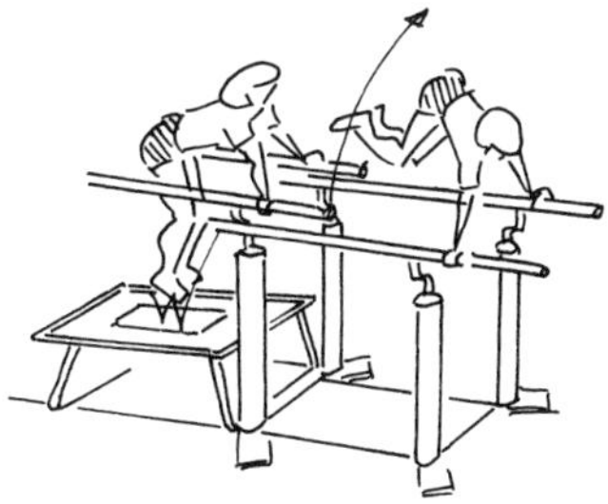

Am Ende des Barrens wird die Kreishockwende schrittweise erarbeitet. Ein Seil verlängert einen Barrenholm.

Die Holmverlängerung auf der Stützarmseite erfordert eine vollständige Kreishockwende. Eine winklige Seilhaltung ermöglicht eine Reihe von Differenzierungen.

Mit der Kreishockwende am Ende des Barrens über ein in Holmverlängerung gehaltenes Seil werden ausreichende Bewegungserfahrungen

gesammelt, bevor es dann in die Mitte des Barrens geht. Wer die Bewegung so erfahren hat, dem fällt es nicht schwer, sie auch aus dem Schwingen heraus zu probieren.

3.9.7 Handstütz-Überschlag rückwärts (Flick-Flack)

Der Flick-Flack ist eine der Attraktionen des Turnens. Ohne Hilfsmittel und eine entsprechende Hilfestellung ist er jedoch nicht zu erreichen. Das MT leistet dabei ausgezeichnete Dienste. Die ungewohnte, nach rückwärts gerichtete Bewegung verlangt eine entsprechende Orientierung, die zunächst im Mittelpunkt des methodischen Prozesses steht. Günstig ist das Aufstemmen in den Handstand aus der Nackenlage an einer Wand.

Handstütz-Überschlag rückwärts (Flick-Flack)

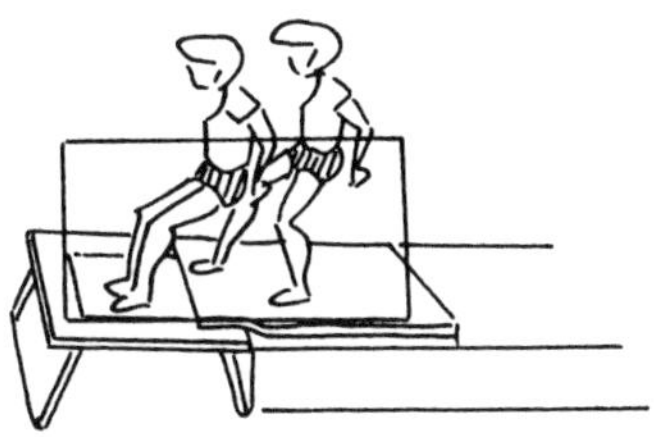

☞ LANGER SCHRITT
ins MT in die
☞ SITZSTELLUNG

beidbeiniger Absprung im
☞ RÜCKFALLEN

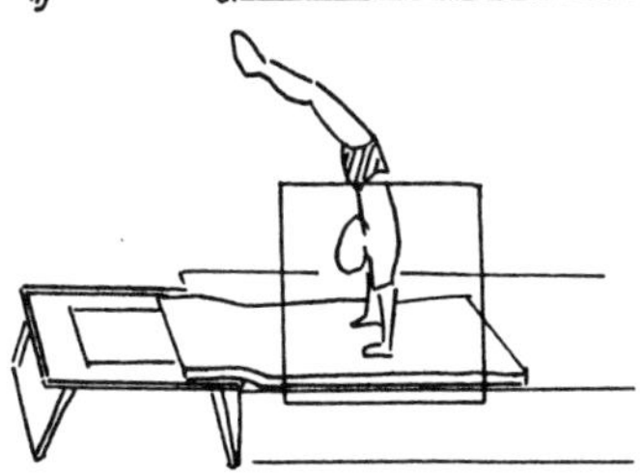

☞ ABSTÜTZEN

Hilfestellung:
Handstütz-
Überschlag rückwärts
(Flick-Flack)

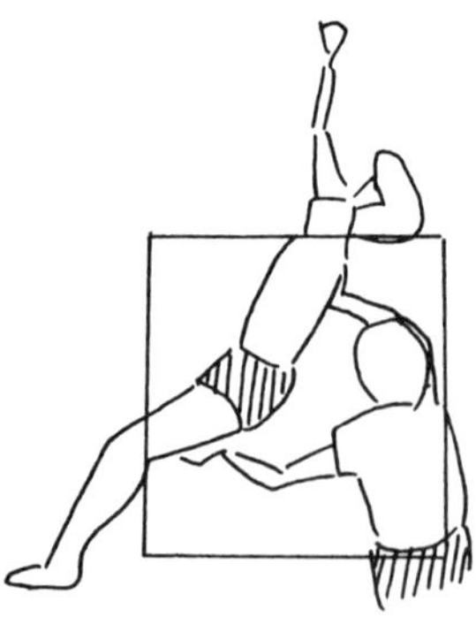

zwei Helfer mit
☞ SCHUB-DREHHILFE

eine Hand am Oberschenkel,
die andere am Rücken

☞ BEGLEITEN
bis zur Stützlandung

Dabei werden die Übenden durch zwei Helfer unterstützt, die mit Klammergriffen an den Oberschenkeln aktive Zughilfe geben.

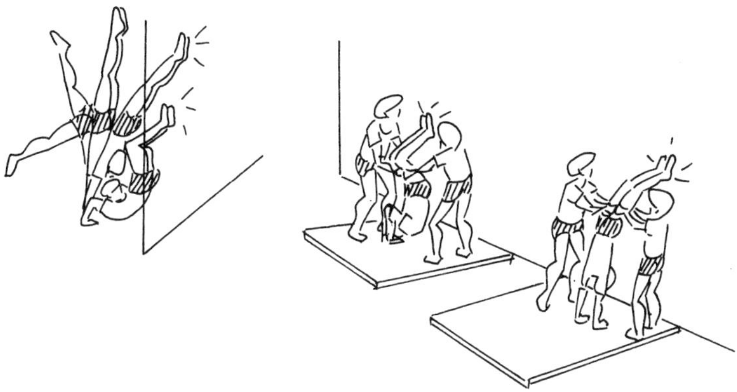

Erste Erfahrungen mit der gesamten Überschlagbewegung machen die Übenden aus dem Hocksitz auf einem Kastenoberteil. Dabei erhalten sie von zwei Helfern eine aktive Hebe- und Drehhilfe.

Das Minitrampolin ist ein ausgezeichneter Energielieferant für den Absprung. Die Übenden steigen mit einem aktiven Nachstellschritt von hinten in das leicht nach hinten geneigte Gerät ein und springen den Flick-Flack in die gleiche Richtung zurück. Sie werden von zwei Helfern mit Hebe- und Drehhilfe unterstützt.

3.9.8 Salto rückwärts

Wie für den Flick-Flack so ist das MT auch für den Salto rückwärts ein ausgezeichnetes Hilfsmittel. Mit dem Laufsalto an der Wand werden zunächst Orientierungsübungen angeboten. Zwei Helfer geben Hilfestellung mit Klammergriffen an den Oberarmen des Übenden.

Ähnliche Bedingungen ergeben sich beim "Wurfsalto", bei dem der Übende mit einem Fuß in eine von einem dritten Helfer angebotene Stufe steigt.

Salto rückwärts

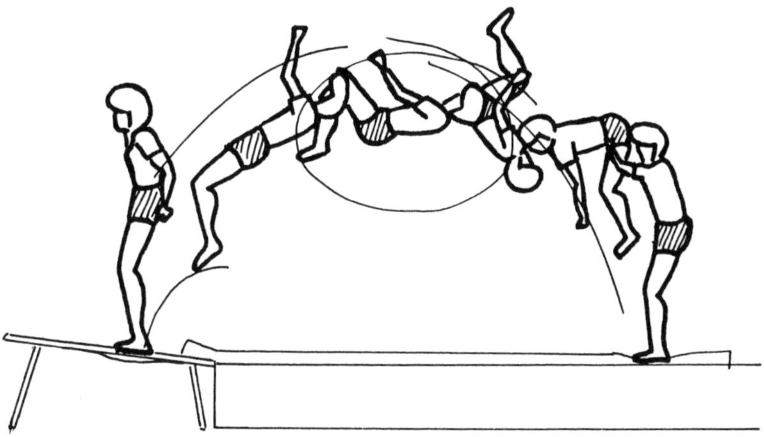

aus dem
☞ DREIMALIGEN FEDERN
(Mitzählen !)

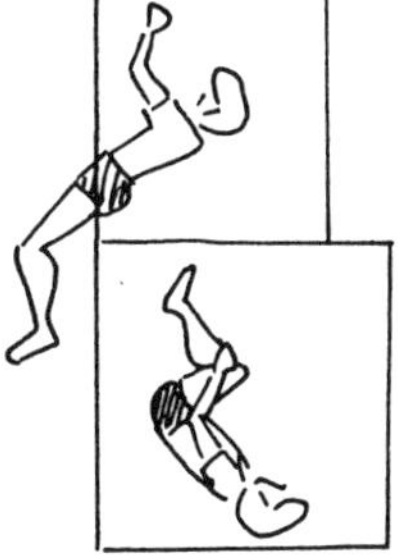

☞ KOPF ZURÜCK

und

☞ HÄNDE AN DIE
UNTERSCHENKEL

Hilfestellung: Salto rückwärts

So bindest Du das Seil
um die Hüfte

zwei Helfer begleiten
das Federn mit
☞ GRIFF AM SEIL

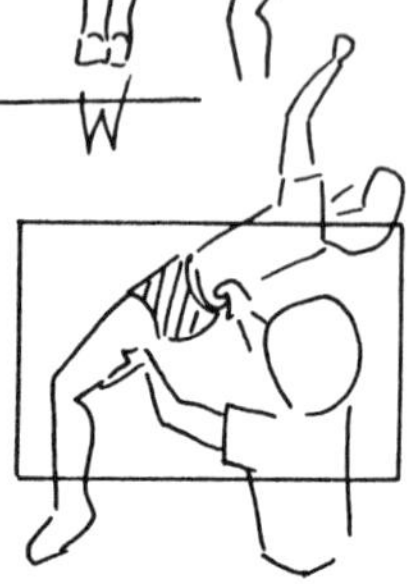

☞ DREHHILFE
am Oberschenkel

Zielübung ist der Salto rückwärts mit Absprung aus einem leicht nach hinten geneigten MT. Zwei Helfer geben Hilfestellung mit Seilgriff an einem um die Hüfte des Übenden gebundenen Seils und mit Drehhilfe.

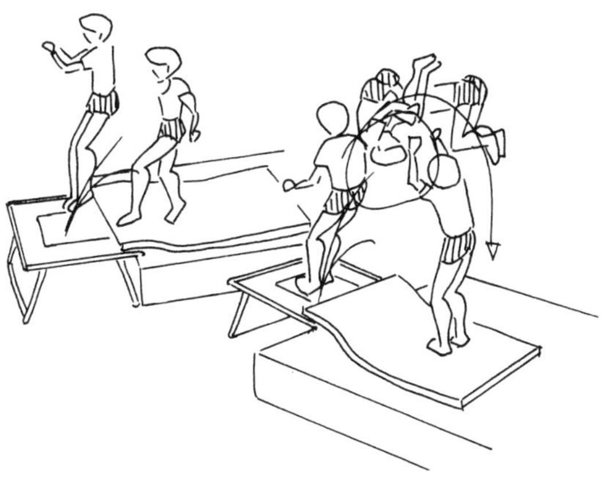

Literatur

DICKHUT, A.: "Grundsätzliches zur Geräteanordnung Minitrampolin - Kasten". In: TUS 47(1973)3

JESCHKE, S./ MEDLER, M.: "Der blaue Elefant". In: Sportunterricht 39 (1990) 1 (Lehrhilfen), 1-5

MEDLER, M./ RÄUPKE, R.: Turnen am Minitrampolin. Neumünster 1995

MEDLER, M./ RÄUPKE, R.: Gerätturnen im 5./6. Schuljahr. Neumünster 1996

MEDLER, M./ RAMM, H./ RÄUPKE, R./ SIEGMON, H.: Gerätturnen Teil 2. Neumünster 1995